我们的价值观十二讲

主编◎顾作义

南方日报出版社
NANFANG DAILY PRESS
中国·广州

图书在版编目（CIP）数据

我们的价值观十二讲 / 顾作义主编. — 广州 ：南方日报出版社，2014.10
ISBN 978-7-5491-1176-3

Ⅰ. ①我… Ⅱ. ①顾… Ⅲ. ①社会主义建设－价值论－中国－通俗读物 Ⅳ. ①D616-49

中国版本图书馆 CIP 数据核字(2014)第 213989 号

我们的价值观十二讲

编　　者：顾作义
责任编辑：阮清钰　郑　颖
书籍设计：肖晓文　劳华义
责任技编：王　兰
责任校对：阮昌汉
出版发行：南方日报出版社
地　　址：广州市广州大道中 289 号　邮编：510601
电　　话：（020）87373998-8502
经　　销：全国新华书店
印　　刷：广州汉鼎印务有限公司
开　　本：889mm×1194mm　1/16
印　　张：14.25
字　　数：210 千字
版　　次：2014 年 10 月第 1 版
印　　次：2015 年 3 月第 4 次印刷
定　　价：36.00 元

投稿热线：（020）87373998-8503　读者热线：（020）87373998-8502
网址：http://www.nfdailypress.com/index.html

目录

第一编

国家篇

富　强

释　义

改革开放以来，中国开始以经济建设为中心，而作为最早开放的南方省份，广东以追赶“亚洲四小龙”为目标，经济发展也实现了“四级跳”：1998年超新加坡，2003年超香港，2007年超台湾，2013年超韩国。广东的经济发展成为展现中国繁荣富强的其中一个窗口。

国家富强是中华民族千百年来的美好夙愿，更是近代以来仁人志士孜孜以求的首要目标。社会主义核心价值观将其作为国家层面的首位要素，既是马克思主义唯物史观生产力标准的根本体现，也是实现中华民族伟大复兴中国梦的基础条件。

何为富强？古往今来有过很多不同的定义。春秋时期的《管子》中就已出现“富强”一词，有“国富兵强”“善为国者，必先富民”等思想。历史上的中国曾是辉煌强盛的东方大国，一代又一代的中华儿女发愤图强、励精图治，创造了西周的成康之治，西汉的文景之治，唐代的贞观之治、开元盛世，清代的康乾盛世等引以为傲的罕见盛世。近代国门被列强打开之后，国家面临着亡国灭种的危机，许多先进的中国人开始了学习西方、寻求富强的伟大实践。慑服于西方的“奇技淫巧”、船坚炮利，早期洋务派认为应“以中国伦常名教为根本，辅以诸国富强之术”，开展了“师夷长技以自强”的洋务运动，创办军事工业、兴建学堂船厂等，可是120年前甲午战争的惨败使其“求富”“自强”的梦想终归破灭。继之而起的是以康梁为首的维新派，主张学习西方的政法制度，要求“变法图强”，可惜“百日维新”仅是昙花一现。以孙中山为首的资产阶级革命派虽然推翻了清朝统治，开始实业救国，发展工商，但终因其软弱性和不彻底性而归于失败。领导中国人民探索国家富强之道，实现民族伟大复兴的责任，落在了中国共产党人的肩上，历经新民主主义革命、新中国成立、社会主义改造、改革开放等伟大的实践、探索，中国进入建设富强国家的新时期。

由此可见，一部中国近代史，就是一部中国人求强御侮的历史。其间所进行的诸多运动、革命，无一不让我们对于富强的内涵及其辩证关系有着更深的理解和体认。

首先，富不等于强，二者虽有联系，也有区别。富足是强大的基础，强大是富足的保障。物质上的富裕，GDP的高指标并不意味着国力的强大。国家实力取决于经济、政治、文化、军事等综合国力的发展，取决于物质文明、精神文明、制度文明、生态文明等诸多因素，既有硬实力，也有软实力。

其次，民富与国强是辩证的关系。富强是民富与国强的辩证发展。富强先要富民，丰富人民的物质生活和精神生活，进而促进人的自由全面发展；富强还在于强国，拥有强大的综合国力和国际影响力。光有民富而国不强不行。历史上的两宋即是显例。赵宋天下虽然民力殷实，但是重文抑武，军事实力弱，导致国势不强，屡遭外敌侵犯，王廷几经迁徙辗转，终至灭国。然而，片面强调强国而忽视富民，也不可持续。苏联的解体就是镜鉴。美苏争霸之时，苏联极力发展工业、军事，却置民生于不顾，终致崩溃。可见“强而不富”“富而不强”都不能真正达到富强。

富强既关乎国家的发展和繁荣，又关乎社会的建设和进步，还关乎每一个公民个体的权利与价值实现。对富强的认识，不能只从经济上和物质上去理解，其外延也包括政治的强大，关系到政治制度、政治体系的现代性、先进性和优越性；包括军事的强大，关系到军事力量能够抵御外侮、维护主权的独立和完整；包括文化的强大，关系到文化的自由、包容与多元；包括社会的强大，关系到社会的繁荣、活力与良好运作。

国家富强是一个系统工程，需要多方面协同发展，其发展、实现的路径也有所不同。社会主义的富强观借鉴并超越了中国传统的富强观和西方资本主义的富强观，强调富强的人民性和公平性。

社会主义富强观，首先是共同富裕。什么是社会主义？“贫穷不是社会主义”，“两极分化也不是社会主义”，这是邓小平同志掷地有声的回答。新中国成立以来，我们有过一段曲折的社会主义探索，最终确定了实行改革开放的总方针，坚持走科学发展的道路。共同富裕是社会主义的本质，它不等于同步富裕、同等富裕。这里涉及先富与共富的辩证关系。允许一部分人、一部分地区在兼顾效率与公平的原则下先富起来，这是实现共同富裕的途径和手段。其目的是要通过先富带动后富，最终实现共同富裕。

其次，社会主义富强观，体现的并不是弱肉强食的丛林法则，而是追求共享、共赢的新发展模式。改革开放以来，我们的综合国力日渐增强，经济实力已跃居全球第一方阵，我们的国际威望和国际地位在日渐提升，亿万华夏儿女的荣誉感、优越感与日俱增。与此同时，中国承诺永远不称霸，而是将为世界和平和人类文明注入正能量，提供新模式。

甲午战争至今已有一百二十载，中国人从当年的失败中进行反思、探索和一步一步艰辛的尝试，奋发有为，终于摸索出一条富强之路。当代中国，比历史上任何时期更接近中华民族伟大复兴的梦想，如今我们正为实现“两个一百年”目标而不懈努力，艰苦奋斗。国家富强之梦永无止境，我们不能小成即满、小富即安，不能浅尝辄止、故步自封，依旧要怀揣梦想，砥砺前行。

/名 言/

富有之谓大业，日新之谓盛德。

——《易经》

善为国者，必先富民。

——〔春秋〕管仲

国富而贫治，曰重富，重富者强。

——〔战国〕商鞅

强者必治，治者必强；富者必治，治者必富；强者必富，富者必强。

——〔战国〕商鞅

足国之道，节用裕民而善藏其余，节用以礼，裕民以政。

——〔战国〕荀况

夫土广而任则国富，民众而制则国治。

——《尉缭子》

王国富民，霸国富士，仅存之国富大夫，亡国富仓府，所谓上满下漏，患无所救。

——《尉缭子》

移风易俗，民以殷盛，国以富强，百姓乐用。

——〔西汉〕司马迁

民富国强，众安道泰。

——《吴越春秋》

民殷国富。

——〔三国〕诸葛亮

欲富国者，务广其地；欲强兵者，务富其民。

——〔宋〕司马光

富国必以本业，强国必以正兵。

——〔明〕查继佐

国于天地，必有与立，亦岂有百姓贫困而国家自求富强之理？今言富强者，一视为国家本计，与百姓无与。抑不知西洋之富专在民，不在国家也。端本足民，富民则富国，是天下之公理。

——〔近代〕郭嵩焘

少年富则国富，少年强则国强。

——〔近代〕梁启超

曰富曰强，首赖工学。

——〔近代〕詹天佑

夫立国于二十世纪之秋，殖民逐鹿之场，思欲保其颜色，巩固其领土，舍富强其道莫由。然富也、强也，亦非一朝一夕所能奏其效，一人一力所可成其功，必合全国之人民，万众之人心，以结构之，始克达其目的。

——〔现代〕周恩来

/故　事/

商鞅强秦：治世不一道，便国不法古

春秋战国是一个社会大变革时期，诸侯国林立，蓄蕴着争雄争霸的野心。一些国家纷纷变法图强，魏国因李悝变法逐渐富强起来，楚国的吴起变法在全国激起巨大波澜。

此时的秦国，对外面临的是诸侯征战日烈，军事压力日益增大；在内则是井田制瓦解、土地私有制产生和赋税改革都晚于其余六国，经济发展在七雄中最为萎靡。此时，如果秦国不抓住机遇进行改革，必然陷入不利的局面。危机当前，秦孝公以恢复秦穆公时期的霸业为己任，在国内颁布了求贤令，命国人、大臣速献富国强兵之策。

在魏国的商鞅听说求贤令之后，便投奔秦国。他先后几次觐见秦孝公，取得了他的信任。最后一次，商鞅已经胸有成竹，与孝公畅谈富国强兵之策。这一次谈话，他们持续了多日。谈话结束之时，孝公对商鞅由衷敬佩，连称：“吾国之兴指日可待也！”

但变法并没有想象中顺利。旧贵族认为要遵循古代的法礼，不得变易。商鞅针锋相对地指出，商汤、周武王正是因为不循古而振兴了国家，夏桀和殷纣正是因为不改变而走向灭亡。应当顺应时代潮流，不能固守旧礼。商鞅“治世不一道，便国不法古”的理论得到了很多人的赞同，为实行变法做了舆论准备。

由于刚到秦国，商鞅还没在老百姓中树立起威望。为此，商鞅琢磨出了一个办法。他在热闹集市的南门外竖起一根三丈高的木头，并贴出告示：若有人能把木头搬到集市北门，赏十金。围观的人很多，但谁也没去动那块木头。商鞅见状，又把价钱抬高。围观的人越来越多，却一直不见有人去抬。待提高到一百五十金时，一个小伙子为了给爷爷治病筹钱，遂壮起胆子把木头搬到了集市北门。商鞅立刻赏他一百五十金。百姓哗然，纷纷赞誉商鞅是个有信用的人。这就是历史上有名的“徙木立信”的故事。

变法遂轰轰烈烈地展开了。秦孝公命商鞅在秦国国内颁布了《垦草令》，拉开了变法的序幕。这部法令，以刺激农业生产，提高农业的社会认知度为主要内容，削弱贵族、官吏的特权，实行统一的税租制度，大大促进了农业生产，为新兴地主阶级的快速壮大铲除了障碍。

商鞅变法时徙木立信

《垦草令》在秦国成功实施后，秦孝公于公元前356年任命商鞅为左庶长，先后实行了两次变法。经济上，通过废井田，开阡陌，打破了原有的奴隶制生产关系，提高了土地的利用率，促进了封建经济的发展。政治上，以彻底废除旧的世卿世禄制、建立新的封建专制主义中央集权制和推行郡县制为重点，中央集权制度的建设从此开始。军事上，奖励军功，实行军功爵制，秦国军队的战斗力由此大大增强。

通过商鞅变法，秦国经济昌盛，政治稳定，军事战斗力让诸国为之瞩目，从此走上了富强之路，为日后统一六国打下坚实的基础。

文景之治：轻徭薄赋，以成盛世

西汉初年，由于历经多年的战乱，社会动荡不安，经济损耗严重，国家物资极度匮乏，连皇帝也坐不上四匹纯色马拉的车子，将相们只能坐牛车。因此，恢复和发展经济成为巩固统治的当务之急。

汉初的几任皇帝面对眼前这个百废待兴的江山，下定决心励精图治，以谋富强。文帝、景帝笃信“黄老之学”，他们以清静不扰民为原则，鼓励农民发展生产，注意减轻人民负担，常颁布减省租赋诏令。从汉高祖即位到汉景帝后元三年的62年间，西汉王朝实行的是中国古代堪称典范的轻徭薄赋政策。文帝曾两次“除田租税之半”，并从公元前167年起，连续免除全国田赋长达11年。在这期间，农民身上的农业税负担消失。不仅如此，文帝、景帝还多次下令劝课农桑，每年春耕时，亲自下地耕作，给百姓做榜样。

文景时期吸收秦亡的教训，重视“以德化民”，减轻刑罚。文帝在高祖、吕后改革的基础上，对秦代的严刑峻法又做了重大调整，使得政清民和，社会安定，“人人自爱而重犯法，先行仁义而后绌耻辱焉。当此之时，网疏而民富”。可以说，这是古代中国历史上最为和谐的时代之一。

汉文帝画像

汉景帝画像

文帝、景帝两代对周边少数民族也采取友好安抚的政策，不轻易动兵，尽力维持相安的关系，以免耗损国力。吕后时，南越王赵佗自立为帝，与汉王朝分庭抗礼。文帝即位后，为了天下相安，为赵佗修葺祖坟，尊宠赵氏昆弟，并派陆贾再度出使南越，感化赵佗，使其最终归附汉王朝。文帝又与匈奴定和亲之约，此后匈奴虽背约屡犯边境，但文帝只是诏令边郡严加备守，并不兴兵出击，以免烦扰百姓。这种做法既起到了“御胡”的作用，也减轻了百姓的徭役。

在生活方面，文、景二帝仁慈恭俭，以俭约节欲自持。文帝在位23年，宫室苑囿、车骑服御之物都没有增添。因为文帝提倡俭约，所以当时的国家财政开支有所节制和缩减，王公贵族也不敢滥肆搜括、奢侈无度，从而减轻了人民的负担。

这一系列“轻徭薄赋”“休养生息”政策，使得百姓“无内外之徭，得息肩于田亩”，天下殷富，国家财政充实。由于经济得到发展和繁荣，“太仓有不食之粟，都内有朽贯之钱”，至汉武帝即位时，国家财政又上了新台阶。司马迁在《史记·平准书》中记载，只要不遇水旱之灾，百姓总是人给家足，郡国的仓廪堆满了粮食。大仓里的粮食由于陈陈相因，致腐烂而不可食，政府的粮仓有余财，京师的钱财有千百万，连串钱的绳子都朽断了。这是对当时富足程度的形象性表达，也是被史家称颂的“文景之治”。

洋务运动：近代自强的首度求索

第二次鸦片战争后，外国侵略者从中国掠夺了大量的白银和土地，并且强迫清政府签订一系列不平等条约，获得经济贸易特权。在清朝统治者集团中，一些头脑比较清楚的当权者时刻感受到外国侵略者坚船利炮带来的长远威胁。不仅如此，他们还面临着太平天国起义军想推翻清政府的内部动乱。为了继续维护清政府的统治，也为了能和外国侵略者相抗衡，他们觉得必须使中国富强起来，而达到这个目的的途径，就是学习西方列强的技术。在这样的背景下，洋务运动产生了。

1861年底，以曾国藩、李鸿章、左宗棠为主的洋务派拉开了洋务运动的序幕。洋务运动，又称自救运动、自强运动，分为前期、后期两个阶段。在洋务运动前期，洋务派代表提出了“师夷长技以自强”的口号，在全国开展工业运动；后期，洋务运动以“求富”为口号，增加了很多民用工业部门。

洋务运动前期，洋务派官员主要的活动就是兴办军事工业。他们认为，治国要做到自强，自强以练兵为主，而练兵又主要建立在制造兵器的基础上。因此，他们先后创办了安庆内军械所、江南制造总局、福州船政局等。其中，江南制造总局是晚清中国最重要的军工厂，是清政府洋务派开设的规模最大的近代军事企业，也是近代最早的新式工厂之一。它成立于1865年9月20日，厂址在上海，由李鸿章负责打理。它从创办之初就不断得到扩充，先后建立了十几个分厂，解决了2800多个工兵的就业问题。它可以制造枪炮、弹药、轮船、机器等，功能强大。江南制造总局对于清政府的军事力量和重工业生产都起到了提升作用。

主张“师夷长技以自强”的洋务派大臣

洋务运动后期，为了达到“富”的目的，洋务派创办了不少民用工业。其中，最具代表性的是兰州织呢局，由左宗棠建立，是近代中国第一家毛织厂。织呢局分为三个部分：东部纺线、织呢，西部染毛和整染，中部机修、办公等。它发展坎坷，曾经历过一次爆炸而停工，后恢复生产，但是原来的东、西、中三部分只剩下中部，之后又经历战争，到1951年停办。民用工厂的创办，在一定程度上促进了我国手工业的发展。

不仅如此，洋务派还借鉴了西方的教育方针，开办了一些新式学堂，其中有外语学堂、科技学堂、军事学堂等，为清政府培养专门人才。他们还派出不少学生到国外留学，吸收西方先进的科技，以发展国内的科学技术。

虽然洋务运动最终以失败告终，但是它追求国家富强的决心仍旧值得借鉴。并且，洋务运动引进西方优秀的技术，促进了国人思想的开放，加速了中国的现代化进程。

撤侨：强大的祖国，我们的避风港

随着中国的和平崛起，中国政府在维护海外中国公民的生命安全和合法权益上，越来越表现出大国风范和气魄。近几年，由国家组织的撤侨行动多了起来，不但华侨，出去旅游的内地公民、港澳台同胞也颇受惠。包括海湾战争、东帝汶骚乱、黎巴嫩与以色列的武装冲突、汤加骚乱、乍得内战、海地地震、吉尔吉斯斯坦骚乱、埃及骚乱，中国政府都派机接人。重大的突发事件往往是对一个国家全方位的检验：政治、经济、外交、文化传统甚至国民性。在这种紧急行动中的表现，中国政府受到了国际的瞩目和赞扬。

2011年，持续一个多月的利比亚乱局演变为西方武力支持下的反对派与政府军的内战。虽然西方介入是打着保护平民的旗号，但依然无法避免多达几十万的利比亚难民潮。令全球华人感到欣慰的是，在利比亚乱局初现之时，中国政府万里大营救，以前所未有的总动员，将所有的中国人安全撤离回国。在短短的12天内，中国政府动用91架次中国民航包机、35架次外航包机、12架次军机，租用外国轮船11艘、货轮5艘、军舰1艘，成功实现了大撤侨！

强大的祖国是中国公民的后盾

此次3.3万人的撤侨行动规模，是冷战结束以来中国最大的一次撤侨行动，撤侨总人数超过了以往所有各次的总和。令外界瞩目的是，中国还派出一艘海军导弹护卫舰“徐州”号保护数以千计的侨民乘船撤离利比亚。这是中国第一次动用海军开展这种人道主义行动。英国《泰晤士报》网站称，正在亚丁湾执行打击海盗任务的“徐州”号迅速受命赶赴地中海，说明中国军队的灵活性和它从母港远距离出兵的能力迅速增强。

负责任的政府与强大的国力是此次大撤侨被世人所认可的一个重要方面，而整个过程还体现了中国人特有的高效、灵活以及东方味道的智慧。有不少专家认为，这次从利比亚撤侨，体现出中国政府良好的国际关系和外交斡旋能力。在力所能及的情况下，本着人道主义精神，中国还帮助12个国家撤出了2100名外籍公民！

美国外交关系委员会网站2011年2月24日发表了中东问题专家艾略特·阿伯拉姆斯题为《谁是超级大国？来自利比亚的教训》的文章，认为中国坚决保护本国公民，并派出军舰为撤侨船只护航的行为，比美国的“含蓄及谨慎”更像一个“超级大国”。

毫无疑问，空前规模的利比亚大撤侨，再次验证了中国模式的成功。在利比亚撤侨的背后，我们看到一个日益强大的中国，那是所有海外华侨华人的避风港。

海归：大国崛起，智力回流

截至2013年底，我国留学回国人员总数达144.48万人，其中2013年回国35.35万人，同比增长29.53%。而据教育部留学服务中心发布的《2012年万名留学人员回国就业报告》显示，2012年回国留学生中拥有硕士学位者近80%，专业以管理学、经济学、理学和工学4个学科为主，回国留学生人数最多的3个国家依次是英国、美国、澳大利亚。这些数据表明，中国正从“智力流失期”过渡到“智力回流期”。

2011年至2012年，黄兆丰在英国利兹大学攻读电气工程研究生，2012年9月回到中国，目前在一家国企任职。他说，2012年对于想在英国找工作的中国留学生而言，极为“惨淡”。彼时，英国政府已经出台规定，要求当地企业尽可能先满足英国本地人的求职需求，并于当年4月取消了留学生的工作签证。“其实我也不是很在乎在英国获得一份工作。”黄兆丰说，“当时跟我一同去英国留学的有二三十个同学，现在大家都回国了。”

同是英国留学生，26岁的孙玥是英国一所大学的管理硕士，毕业后他选择了回国发展。如今，他和朋友一起经营着一家名为“黄太极”的传统美食店，这家售卖煎饼果子的小店最近获得了一笔风投资金。孙玥的梦想是：“希望能把传统美食做到上市，希望能开到全国每个城市，也许明年就能开到纽约的时代广场。”

而相较于当下遭遇海外就业难的中国留学生，1999年就出国留学的徐冰如则是主动放弃在澳大利亚的稳定工作，几年前回到上海，目前在上海一家金属对外出口公司从事管理方面的工作。他说：“我觉得上海的发展速度很快，机会很多……在这里，更接近我的理想。”

孙玥和徐冰如这样学成之后主动回国的并非个例。来自教育部的最新统计显示，改革开放30多年来，中国出国留学总人数已达到了305.86万人，其中72.83%学成后回国发展。2013年，我国各类留学回国人员总数达35.35万人，是同期出国留学人数的85.4%。在择业上，职业发展空间是留学回国人员选择就业机构最优先考虑的要素，其次是就业地区和薪酬福利。

中国迅速崛起的经济实力，蕴藏着良好的发展势头。出国留学的学子

海外学子纷纷回国发展

中，有越来越多的人选择回国就业。具备国际视野的他们，看到了当今中国强大的经济实力和强劲的发展潜力。2008年的世界金融危机，导致西方各国的经济遇阻，就业难已经成为世界难题。与之相比，中国的经济发展一枝独秀，不少职位急需大量高等人才。回流的“海归”正好补充了这个空白。

有专家预测，未来5年，中国将迎来回国人数比出国人数多的历史拐点，中国将从世界最大的人才流出国，转变为世界最主要的人才回流国。

/链　接/

中国近代赔款知多少

1. 中英《南京条约》，赔款2100万银元，约折合白银1500万两。

2. 《天津条约》和《北京条约》赔偿英法两国军费各800万两白银，英商损失200万两白银。

3. 中日《马关条约》赔款2亿两白银，另加3000万两“赎辽费”。

4. 《辛丑条约》赔款4.5亿两白银，本息合计9.8亿两白银。

中国近代史上共签订不平等条约1000多个，赔款共计约20亿两白银。

中国在世界综合国力排名情况

新中国综合国力的运行轨迹以1978年为分界线，由1980年的第十位上升至1990年的第八位，1995年则又跃升至第七位。1978年以后，新中国的综合国力开始以5.25%的年平均增长率递增。到1996年，综合国力得分已快速上升至283.5。其中经济力的发展更是呈现出一种颇为强劲的增长势头。经济力得分已由1978年的18.8549猛升至1996年的73.5，年平均增长率高达7.85%，不但高出1978年以前3.37个百分点，而且还高出同期（1978—1996年）综合国力，年平均增长率为2.60个百分点。同时，经济力得分占综合国力的总得分的百分比也由1978年的16.71%猛升至1996年的25.93%。

2008年，据美国发布《第十次全球综合国力排名》的报道，中国综合国力在美、日、德之后，位居世界第四，其中经济实力世界第三，军事实力世界第三，科技实力世界第八，教育实力世界第十。

美国华府智库“战略暨国际研究中心（CSIS）”与日本《朝日新闻》针对亚洲9国外交专家进行调查显示，65.5%的受访者认为，10年后，中国将成为世界上国力最强的国家。（中国新闻网2009年2月13日）

《2012国际形势黄皮书》对11个国家的综合国力进行了分析评估，11个国家的综合国力排名顺序为：美国、日本、德国、加拿大、法国、俄罗斯、中国、英国、印度、意大利、巴西。中国综合国力排名第七。

广东省GDP赶超“亚洲四小龙”

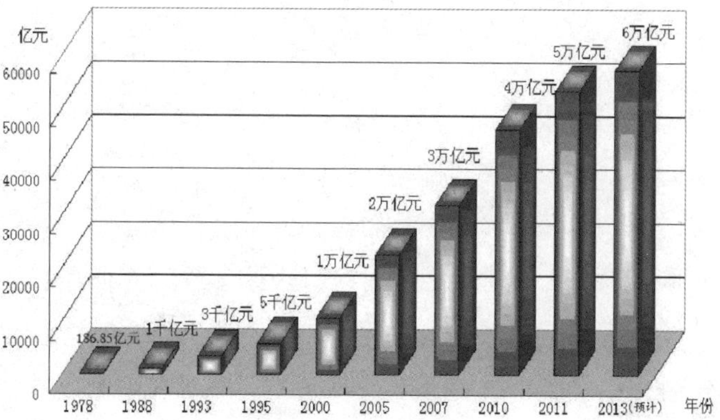

韩国、新加坡、香港、台湾组成的“亚洲四小龙”曾被认为是亚洲经济崛起的代表，而在中国内地最早开放的南方省份广东，经济发展来了个“四级跳”：1998年超新加坡，2003年超香港，2007年超台湾，2013年，GDP破6万亿元，超越韩国。

追赶“亚洲四小龙”，是1992年邓小平同志南方谈话时对广东经济的部署和赋予广东的历史使命，追赶的衡量指标主要是经济总量。现在这个愿望已经成为现实。

（数据来源：广东省统计局）

民 主

/释 义/

1945年夏天，中国民主建国会创始人之一黄炎培等六位国民政府参政员飞赴延安访问。在毛泽东的窑洞做客时，他说：“我生六十余年，耳闻的不说，所亲眼见到的，真所谓‘其兴也勃焉，其亡也忽焉’……一部历史，‘政怠宦成’的也有，‘人亡政息’的也有，‘求荣取辱’的也有，总之没有能跳出这周期率。”听罢，毛泽东胸有成竹地回答：“我们已经找到新路，我们能跳出这周期率。这条新路，就是民主。只有让人民来监督政府，政府才不敢松懈。只有人人起来负责，才不会人亡政息。”如今，“民主”一词已经广传众口，深入人心，但是其内涵和外延究竟为何，中国进行了哪些民主政治的探索等，却是很多人都不甚了然的。

“民主制度，天下之公理”（梁启超语）。对民主的向往，既是中华民族的政治传统，也是中国特色社会主义的本质要求。它既是社会主义核心价值观的一个目标导向，也是当前中国共产党领导的政治实践。

民主是人类一以贯之的政治理想，自古及今，东西方的人们对于民主的含义和实现方式的理解，既有共通之处，也有明显差异。

在中国传统文化中，“民主”一词最早见于《尚书》，多次出现“天惟时求民主”“诞作民主”等。这里的“民主”是“民之主”，就是管理人民的君主，有为民做主之意。我国古代思想家提出了“以民为本”“立君为民”的政治理念，主张君主应当代表和服务人民的利益，做民之向导。通过“民主”一词，我国解决了国家政权与国民利益之间的结合问题，形成了中国特色的民本政治思想，萌生了“民贵君轻”“民为邦本”等丰富的民本政治思想，体现了中华民族朴素的民主理念。几千年灿烂的中华文明，民本政治发挥了重要作用。

而在西方，“民主”一词源于希腊语“demos”，意为人民。西方民主起源于希腊，近现代意义上的民主政治直到18、19世纪才在英美诸国确立，20世纪成为西方发达国家的普遍政治制度。其定义为：在一定的阶级范围内，按照平等和少数服从多数原则来共同管理国家事务的国家制度。因此，与专制统治的区别就在于，民主制度下的国家，有着最广泛的公民参与和决策基础。

不可否认，近代以来，西方民主思想对中国人民的民主追求有着重要的影响和推动，“德先生”和“赛先生”，曾是20世纪初新文化运动的两面旗帜，被陈独秀、胡适等人高高擎起，并成为现代中国民主政治的一大思想源泉。

然而，民主既带有普遍性，又有独特性、相对性；既是永恒的政治理想，也是历史的发展形态。世界上并没有放之四海而皆准，可以直接套用的民主发展路径和模式，它往往与这个国家的历史文化传统、经济社会发展水平紧密相关。正如在西方，不同国家的民主道路和模式也各不相同，英国是君主立宪制，美国是总统共和制，而法国则是兼具议会制和总统制特征的混合制。

中国的社会主义民主是对包括资本主义民主在内的人类政治文明积极价值的继承和扬弃，是民主与集中、民主与法制的辩证统一，蕴含着人类民主政治的核心要义和发展趋势。曾以《大趋势》一书闻名于世的美国学者奈斯比特敏锐地观察到，“在全球金融危机的背景下，西方民主体制的弊端频频暴露，低效率，犹豫不决；与此同时，中国民主体制的优势却在逐步彰显，快速，高效率”。

社会主义核心价值观中的“民主”，其核心是党的领导、人民当家作主、依法治国三者的有机统一，也就是将党的领导的集中性、人民当家作主的积极性和依法治国的合理性充分结合起来。中国特色社会主义民主的原则是民主集中制，也就是通过科学的方法将正确合理的意见集中起来，将集中起来的意见转化为大多数人共同奋斗的方向和目标。从这个角度来说，中国特色社会主义民主的表现形式是丰富多样的。

国家服务人民，是社会主义民主的内在要求；维护绝大多数人民的利益，是社会主义民主的根本职责。新中国成立后，人民代表大会制度、中国共产党领导的多党合作和政治协商制度、民族区域自治制度和基层群众自治制度等基本政治制度得以建立。改革开放以来，我们党坚持中国特色社会主义民主政治发展道路，坚持党的领导、人民当家作主、依法治国的有机统一，积极稳妥地推进政治体制改革。

马克思主义认为，人民民主不断发展的过程，也就是实现社会自主治理的漫长过程。邓小平同志曾说过："没有民主就没有社会主义，就没有社会主义现代化。当然，民主和现代化一样，也要一步一步地前进。社会主义愈发展，民主也愈发展。"我国当前处于社会主义初级阶段，这决定了中国特色社会主义民主的发展不能一蹴而就，而是一个长期发展进步的过程。

现在，城乡社区治理、基层公共事务和公益事业正逐渐实现群众自我管理、自我服务、自我教育、自我监督。随着社会主义民主政治的发展，公民民主素养不断提升，政治参与意识不断增强，民主逐渐转化成生活方式，融入日常生活，呈现出活泼的生命力。

/名 言/

圣人恒无心，以百姓之心为心。

——〔春秋〕老子

民为邦本，本固邦宁。

——《尚书》

民之所欲，天必从之。

——《尚书》

以人为本。本理则国固，本乱则国危。

——〔春秋〕管仲

国将兴，听于民；国将亡，听于神。

——《左传》

民为贵，社稷次之，君为轻。

——〔战国〕孟轲

国以民为本，强由民力，财由民出。夫民殷国弱，民瘠国强者，未之有也。

——〔三国〕陆逊

水能载舟，亦能覆舟。

——〔唐〕李世民

可爱非君，可畏非民。

——〔唐〕李世民

以天下之权，寄之天下之人。

——〔清〕顾炎武

西洋所以享国长久，君民兼主国政故也。

——〔近代〕郭嵩焘

人有权，其国必兴；人人无权，其国必废。

——〔近代〕胡礼垣

天下之权，惟民主是主。

——〔近代〕何启

君主者，权偏于上；民主者，权偏于下。

——〔近代〕郑观应

人人有自立之权，即人人有自爱之意。

——〔近代〕马建忠

斯民也，固斯天下之真主也。

——〔近代〕严复

民主制度，天下之公理。

——〔近代〕梁启超

科学与民主，是人类社会进步之两大主要动力。

——〔现代〕陈独秀

锦绣河山收拾好，万民尽作主人翁。

——〔现代〕朱德

锦绣河山谁是主，中国人民，山河金汤固。

——〔现代〕叶剑英

在民主的国家里，法律就是国王；在专制的国家里，国王就是法律。

——〔德〕马克思

资本主义社会里的民主是一种残缺不全的、贫乏和虚伪的民主，是只供富人、只供少数人享受的民主。

——〔苏联〕列宁

/故　事/

禅让：中国远古的民主之光

“致君尧舜上，再使风俗淳”（杜甫诗）。尧、舜、禹都是中国古代被人称颂的君王，也成为历朝历代帝王学习的榜样。

尧的德行高洁，胸怀博大，立身俭朴，爱民如子。因此，各部落的百姓都很拥戴他，认为他如阳光般能为大家带来光明和温暖。

尧年老的时候，觉得自己已经难以应付繁杂的政务，于是召集大臣讨论继位的人选。

一个大臣说：“您的儿子丹朱天性聪慧，为人开通明理，可以继承您的王位。”

尧叹了一口气说：“唉！他太喜欢跟人斗气，不能用。”

另一个大臣说：“共工能团结群众开展各项工作，而且业绩卓著，可以担当治理天下的重任。”

尧说：“共工为人不正派，只会讲漂亮话；他外表很老实，内心却很傲慢，甚至连上天都不放在眼里，也不能用。”

尧身边最信任的四位大臣议论了一会儿后，对尧说：“民间有个叫舜的单身汉，我们觉得他能够担当重任。”

尧点了点头，说：“我也听说过这个人。他究竟怎么样呢？”

四大臣说：“舜品德很好，能以身作则。他在历山耕田，历山的人都不再争田界，互相很谦让。人们都愿意靠近舜居住。舜在一个地方住上三年，那里就成了村落。他父亲是个盲人，不讲道德，后母爱说坏话，弟弟骄纵凶狠，但他能够跟他们和睦相处，并能使他们不干坏事。”

尧说：“听起来是个不错的人才，让我考验一下他吧。”于是，尧把自己的两个女儿嫁给舜，以此观察他怎样治家；又叫九个儿子和舜一起生活，以此观察他怎样待人接物。在舜的影响下，尧的两个女儿都谦逊谨慎地对待亲戚，大家都称赞她们贤惠；尧的九个儿子待人也比先前更加真诚。

尧于是又让舜管理国家事务，各项事务舜都料理得井井有条，赢得了百姓的支持和爱戴。尧于是召见舜说："我年事已高，不久会归于天矣。你才德很高，百姓都很拥戴你，首领之位非你莫属。"

舜听完后很惶恐，连忙说："您的儿子丹朱才是理所应当的继承人。"

尧摆摆手说，说："没有什么理所应当。百姓拥戴谁，推举谁，谁就是理所应当的首领！"

不久，尧逝世。三年的守丧期结束，舜为了让丹朱能够继承天下，自己逃到南河的南边去。但各个部落首领来朝拜，都不到丹朱那里去，而是去朝拜舜；歌颂功德的，不歌颂丹朱，而是歌颂舜。于是舜回到都城，正式登上了首领之位。上任后，舜任用了22位大臣来主管各种专门事务。在舜的精心治理下，全国呈现出一派欣欣向荣的景象。

尧舜之时，水患严重。舜即位后，命禹去治水。禹用疏导的方法，把洪水引入大海。他一心治水，前后13年，风里来雨里去，三过家门而不入。洪水终于止住，百姓过上了安宁的生活。由于治水有功，大禹在老百姓心目中树立起伟大的形象。人民相信禹是能给他们带来幸福生活的君主。舜年老之时，就将首领之位让给了禹。

大禹治水图

民望所归，天下同心。这就是中国历史上的"禅让制"。百姓得以选出他们心目中拥戴的君主来管理他们的国家，是中国远古时期民主高度发达的表征。这丝民主的曙光，穿越中国千百年黑暗的专制统治时代，给后人留下深刻的启迪。

民贵君轻：孟子的民主精神与政治设计

春秋战国时期，诸侯分野而治，战争频仍，以致生灵涂炭，民不聊生。此时的亚圣孟子目睹惨状，为了天下百姓的幸福，怀揣着为政以德的儒家理想，奔走游说于各国之间。

公元前320年，孟子来到魏国的国都大梁，谒见梁惠王（即魏惠王）。孟子去觐见的时候，惠王正好站在宫廷里的池塘边，观赏着园中活泼趣动的鸟兽。看到孟子走进来，惠王问了句："贤者也会玩赏鸟兽吗？"

此时，孟子表情严肃，答道："唯有贤德的国君才能真正享受这种乐趣，而那不贤的人，虽然有了园林也乐不成啊！"

孟子见惠王默不作声，进一步说道："文王虽然也征用百姓来修建宫殿园林，可是百姓却很乐意，称他的台叫'灵台'，池叫'灵沼'，并且为他有麋鹿鱼鳖可以玩赏而高兴。这是因为古代的贤君能和百姓同乐，所以他能真正享受这园林的乐趣。至于夏桀正好相反，百姓对他深恶痛绝，甚至是想与他同归于尽。像桀纣这种国君，就算有了台池鸟兽，难道能怡然自乐吗？"

惠王点点头，似乎对孟子的说法表示赞同。他同时也表达了自己的困惑："我对于国家，已经十分用心了！如果河内这个地方发生饥荒，我便把那里的一部分饥民移到河东，而且把河东的粮食运到河内救济。如果河东这个地方发生饥荒，也是用同样的办法。我曾留意过邻国的政治，没有像我这样用心的。可是，那些国家的百姓并没有因此减少，我的百姓也没因为我的用心而增加，这是什么原因呢？"

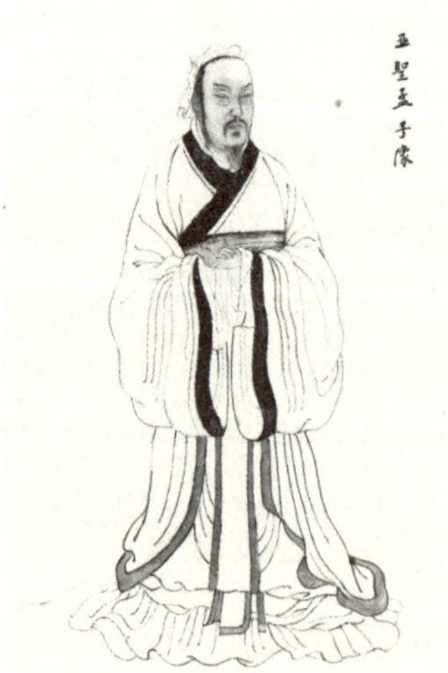

亚圣孟子

孟子知道，当时国君的主要目的在于富国强兵，老百姓则充当了重要的人力资源。因此，国君都很重视人口数量。孟子明白，此时要为百姓民生讲话了。

孟子说："如果能够不在农事季节妨害农民耕种收获的工作，那么粮食便吃不完了；如果不用太密的渔网到池沼里去网鱼，那么鱼鳖就吃不完了；如果按照适当的时节去砍伐林木，那么木材也就用不完了。像这些民生日用的资源充裕有余的话，就能使得百姓在生养死葬的基本需求上获得满足，这就是王道的开端。”

梁惠王若有所思。孟子接着说：“在五亩大的宅院中，种植桑树，那么五十岁以上的人就可以穿丝织品了。鼓励百姓蓄养鸡鸭猪狗，那么七十岁以上的人就都可以有肉类吃了。每一个家庭拥有一百亩田地，能够安心耕种，不受妨害，那么一家人就可以温饱了。接着就要好好办些学校，推广教育，教导孝顺父母、友爱弟兄的道理，那么，社会风气就会变得淳朴善良。在路上看不到上了年纪的老人家在背负重荷，上了七十岁的老人家都能有最基本的生活保障，食饱穿暖，而一般老百姓也能不饥不寒。这样的话，肯定能使天下归服！”

听完孟子的讲述后，梁惠王似乎有点为之动容，表示赞赏。孟子的论述，站在人民的立场，考虑的是与人民最贴近的需求，是真正从民生出发的，因此言恳意切，直达心扉。

为了心中的民本思想和民主精神，孟子四处游说，他在君王面前直言不讳：“民为贵，社稷次之，君为轻。”这是一种多大的勇气！

最重要的，孟子提出政权的合法性必须建立在人民的支持上，得到人民支持的才能做天子。这种思想，是人类文明史上的一大进步。为什么呢？因为之前的帝王都宣称是“天命”授权，可是在孟子这里，是人民而不是“天命”授权于君主，从而确立了民主的重要性。

他说：“夏桀和商纣失去天下，是因为他们失去了人民的支持。失去人民的支持，是因为失去了民心。这样看来，得天下是有原则的：能得到人民的支持，就能得天下了。得到人民的支持也有原则：能得到民心，也就能得民了。得到民心也有原则：人民所需求的，能够充分地供应；人民所讨厌的，就不要强制他们。”

孟子眼见当时争夺纷生，而无辜的百姓为之付出惨重的代价。因此他呼唤关注民生，而其主张，也如一盏灯火，在历史慢慢长河中，点亮早期的民主思想。

窑洞对：民主是跳出王朝周期率的新路

俗话说："天下大势，分久必合，合久必分。"秦汉大一统之后，是数百年几朝对峙的三国两晋南北朝，随后又开启了辉煌的隋唐帝国，在经历了战乱纷争的五代十国后，便是相对安稳的宋朝……中国历史经历了漫长的朝代更迭时期，以至近现代以来的文人志士都在思考：如何破除政权兴衰更替的命运。

1945年7月，抗日战争即将取得胜利之时，为促进国共合作，黄炎培等一行人以国民参政会参政员身份访问延安。当毛泽东问他延安考察的感想时，他说："我生六十多年，耳闻的不说，所亲眼看到的，真所谓'其兴也勃焉，其亡也忽焉'，一人，一家，一团体，一地方，乃至一国，不少单位都没有能跳出这周期率的支配力。大凡初时聚精会神，没有一事不用心，没有一人不卖力，也许那时艰难困苦，只有从万死中觅取一生，既而环境渐渐好转了，精神也就渐渐放下了。有的因为历时长久，自然地惰性发作，由少数演为多数，到风气养成；虽有大力，无法扭转，并且无法补救，也有为了区域一步步扩大了，它的扩大，有的出于自然发展，有的为功业欲所驱使，强求发展，到干部人才渐见竭蹶，艰于应付的时候，环境倒越加复杂起来了，控制力不免趋于薄弱了。一部历史，'政怠宦成'的也有，'人亡政息'的也有，'求荣取辱'的也有，总之没有能跳出这周期率。中共诸君从过去到现在，我略略了解了点。就是希望找出一条新路，来跳出这周期率的支配。"

听了黄炎培的这番见解后，毛泽东说："我们已经找到新路，我们能跳出这周期率。这条新路，就是民主。只有让人民来监督政府，政府才不敢松懈。只有人人起来负责，才不会人亡政息。"

黄炎培点点头，赞同道："只有大政方针决之于公众，个人功业欲才不会发生。只有把每一地方的事，公之于每一地方的人，才能使地地得人，人人得事。用民主来打破这周期率，怕是有效的。"

中国历史上周期率的发生，根源于统治者维护的只是其所代表的少数人的利益，由此决定了他们无法摆脱周期率的支配。民主社会，需要公民共同参与、共同决策。专制，是民主的最大敌人。

而共产党以全心全意为人民服务为自己的根本宗旨，代表并维护最广大人民群众的利益，充分发挥和重视人民的监督权，推进民主执政，发展党内民主，扩大人民民主，通过制度化渠道，自觉接受人民群众的监督和批评。因此，以民主这一先进的制度保障和理念指导护航，使得中国的政治生态跳出了周期率的怪圈。

毛主席与黄炎培亲切会谈

其实早在1945年9月，毛泽东在接受路透社记者甘贝尔的采访时就曾指出，要致力于建设“自由民主的中国”，这个国家的各级政府直至中央政府都由普遍、平等、无记名的选举产生，并向选举它的人民负责。

回顾近一个世纪中国共产党的历史，“窑洞对”告诉了全国人民：什么时候我们在民主建设上搞得好，我们的事业就会实现大发展。

邹韬奋：终生为民主理想拼搏

邹韬奋是中国民主主义革命时期的新闻记者、政治家、出版家。他深信要想取得民族独立、人民解放、国家富强，必须走社会主义民主道路。所以，他用短暂的一生致力于中国革命，宣传民主革命。

邹韬奋原名邹恩润，韬奋是他的笔名，用以勉励自己：一面要韬光养晦，一面要奋斗。在大学期间，邹韬奋经常阅读当时上海有名的《时事新报》，并立志将来做一个像黄远生那样的记者。由于家境贫寒，邹韬奋被迫中途休学。1926年，《生活》周刊原主编转入银行界任事，邹韬奋便接替了《生活》周刊编辑一职。

接手《生活》周刊后，邹韬奋进行了大刀阔斧的革新。在邹韬奋的主持下，《生活》周刊从单纯讨论“职业教育”和“青年修养”等个人职业与生计问题转而讨论社会问题，走向了更广阔的社会生活。它的读者也随即由最初的职业青年和失业青年扩展到了社会的各个阶层。这使得《生活》周刊的发行量逐年增加，影响力不断扩大。

“九一八”事变后，邹韬奋接连在《生活》周刊上发表文章，痛斥国民党的“不作为”，号召全国同胞“组织起来，扩充起来，共同奋斗，共同制裁已死尽人心的人之行为”。不但如此，邹韬奋还积极支持各地的爱国运动，奔走呼告为十九路军等爱国志士筹集资金。1932年7月，他创办生活书店，次年1月参加宋庆龄等人发起成立的中国民权保障同盟，并当选为执行委员。之后，邹韬奋更是积极投入到争取民主自由权利的民主运动中去。

邹韬奋的这些爱国民主言行，惹怒了国民党。国民党将他列入了暗杀黑名单。不久，《生活》周刊也被查封。邹韬奋开始了他的第一次流亡生活。他先后考察了意大利、瑞士、法国等国，搜集了大量材料，最后总结道：中华民族是受帝国主义压迫和剥削的民族，要想摆脱这种情况，就要通过民族解放的斗争。但是，他又强调：这一斗争只能依靠勤劳的人民大众。

流亡两年，邹韬奋重回故土，毅然决定全身心地投入到爱国民主运动中去。

1935年11月16日，邹韬奋在上海创办了《大众生活》周刊。在创刊词中，他明确提出了“力求民族解放的实现，封建残余的铲除，个人主义的克服”三

邹韬奋纪念邮票

大目标，从而彻底抛弃了资产阶级个人主义，将自身事业融进国家和民族解放运动中。当时，日本正在策划“华北自治”，而国民党却找借口镇压人民大众的抗日运动。《大众生活》对这些事情均进行了即时的揭露。

邹韬奋的言行再次激怒了国民党。国民党一方面对邹韬奋进行人身威胁，一方面以各种理由查封《大众生活》，还接连派出政客拉拢，被邹韬奋毅然拒绝。他明确表示：“不参加救亡运动则已，既参加救亡运动，必尽力站在最前线，个人生死早置度外。”之后，邹韬奋逃到香港，开始他的第二次流亡生活。

1936年7月，邹韬奋与沈钧儒、陶行知等人联名上书要求国民党当局停止内战、一致抗日，最后被国民党逮捕，这就是轰动中外的“七君子事件”。在多方努力下，他们被救出狱。之后，邹韬奋在多个地方主编刊物，宣传抗日。1944年7月24日，邹韬奋在上海病逝，最后的愿望是加入中国共产党。

回顾邹韬奋短暂的一生，他一直都在为民主运动而不懈斗争着。

/ 链 接 /

孙中山的三民主义

三民主义是孙中山所倡导的民主革命纲领。其发展过程分为两个阶段，即旧三民主义和新三民主义，是中国人民的宝贵精神遗产。

三民主义由民族主义（Principles of Nationalism）、民权主义（Principles of Democracy）和民生主义（Principles of People's Livelihood）构成，即“驱除鞑虏，恢复中华。创立民国，平均地权”。民族主义：反对列强的侵略，打倒与帝国主义相勾结之军阀，求得国内各民族之平等，承认民族自决权。民权主义：实行为一般平民所共有的民主政治，而防止欧美现行制度之流弊。民生主义：其最重要之原则有两个，一为平均地权（实行耕者有其田），二为节制资本（个人不能操纵国民生计）。随着南京临时政府通过了《中华民国临时约法》，从此“民主共和制”在我国雏形初现。

中国自己探索的民主道路

民主原教旨主义者绝不允许偏离西方民主的方向。他们宣称，一个国家的成功与否，取决于其是否采用了西方民主制度，尤其是多党制和普选制。而这些信奉者忽视了一个事实，那就是，这种模式实际上把西方和非西方民主国家拖入了可怕的困境。被大量既得利益集团所绑架的西方民主已经深陷泥沼，无法推行任何有意义的政治改革。

而对于非西方国家，西方的民主并非总是适合它们。一个国家是由政治、经济和社会等多方面维度组成的复杂有机体。西方民主可能改变了政治上某些表层的东西，但却无法轻易改变这个有机体的其他维度。而任何社会的真正改变都需经历一个缓慢而艰巨的过程。“颜色革命”失败和“阿拉伯之冬”说明了一切。

相较于西方民主，中国自己探索的民主道路更加成功。就在西方强调

“形式”和“程序”的同时，中国却把更多注意力放在了“实质”和“结果”上。就算正确的形式和程序的确能将一个国家引向成功的航道，但西方也已经把自己的模式变成了教条。与此形成对比的是，中国人则在大胆地探索自己的民主形式和程序，只要这种民主能照顾到“实质”和“结果”。换句话说，中国愿意采用任何方法为人民谋取福祉，而西方则坚持采用一种自认为优越的机制，不管它能给人民带来何种结果。中国道路正在取得成效。

邓小平认为，一种政治体制的质量（实质与结果）如何，取决于三个标准，一是政治局势是否稳定，二是该体制是否推动了人民的团结，改善了他们的生活，三是该体制是否令生产力可持续地发展。

（摘自《中国为何拒绝市场和民主原教旨主义》，《参考消息》2014年5月19日，题目为编者所加）

郑永年：中国须建自我民主模式

中国必须发展和建设自己的模式，而不是简单地像很多发展中国家那样，去照抄照搬西方民主模式。不过，要强调的是中国模式不是反民主模式，而应当是一个民主改善模式。中国不学西方模式并不表明中国是“反西方的”，而只是意味着中国要确立自己的民主模式。再者，中国模式也并非要取代“西方模式”，而只是意味着“中国模式”可以成为西方之外的另外一种选择。

总体来说，中国模式已经成形。概括地说，如果说西方多党制是外部多元主义，中国开放的一党制便是内部多元主义。内部多元主义具有几个特点。在政治层面，这是一种精英政治，不同类型的精英都可以进入现存体制，分享政治权力。政治过程是开放的。因此，党内民主变得非常重要。同时，这种内部多元主义不要求政治人物诉诸选票，因为领导人的产生更多的是依靠选拔，即任人唯贤制度。这就可以避免极端的民粹主义。内部多元主义也能产生对权力的有效制约，例如通过内部的分权和制衡、主要领导人领导职务的限任制、年龄限制等等。从经济社会层面来看，内部多元主义首先是把诸多的社会利益内部化，让它们进入现存体制内部，来协商解决。它不仅要考虑到一般意义上的人口的利益，而且要考虑到不同社会经济功能界别的利益。

内部多元主义就是要实现政治、经济（资本）和社会权力之间的均衡，从而使这三方面的权力均衡。这使得政治、经济和社会能够在均衡条件下实现可持续的发展。西方民主目前所面临的问题，就是这三者之间的结构性失衡。

（摘自《郑永年：民主的危机及其未来》，《参考消息》2014年5月26日，题目为编者所加）

文　明

/释　义/

1934—1961年，英国著名历史学家阿诺德·汤因比撰写了十二卷的鸿篇巨制《历史研究》，以文明为研究单位，对已知的31种文明进行了分析和归纳，讲述了世界各个主要民族的兴起与衰落，被誉为“现代学者最伟大的成就”。其中有多处谈到中国历史与文明。中华文明在世界上屹立几千年，不仅存续了既有的优秀文化基因，又通过丝绸之路、海上丝绸之路等对外经济、文化交流往来向外辐射，沾溉世界各地，为人类文明进步做出了不可磨灭的贡献。

人类社会史，就是一部人类文明史。历史的发展，社会的进步，人类的解放，最终归之于文明。每个时代所展现给后人的物质、精神、天文、地理、生产、生活、政治、经济、军事、外交、文学、艺术、风俗、人情……我们统称为“文明”。文明是社会进步和国家发展的重要标志，是人类社会物质精神的总和，是历史的积淀，是时代的旗帜，是一方水土、一代生民，留在后人视野里的丝丝年轮、行行足迹。

在中国，“文明”一词最早见于《易经·乾卦》，其意指社会文教昌达、文德彰显而形成的王者修德、民风淳朴、风调雨顺的和谐景象。英文的“文明”（civilization）一词源于拉丁文“civis”，意即城市的居民，其本质含义为人民生活于城市和社会集团中的能力，后演化出脱离野蛮的开化、教养之意。

在几千年的人类历史长河中，文明的含义几经演化、发展，相关的定义林林总总，不一而足。尽管对文明的理解千差万别，但是归结起来有广义和狭义之分。广义的文明，是人类物质成果和精神成果的综合。狭义的文明主要是指精神文明。

文明还可以从个人层面和国家层面来理解。首先，文明是个人素养的重要体现。东西方文化的“文明”一词原义，都与社会个体在文化和道德品行上的素质紧密相关。正是在文明教化之下，中华民族自古物质文明昌盛，博得了礼仪之邦的美誉。而在物质生活日益丰富的今天，怎样才称得上文明？仓廪实而知礼节，衣食足而知荣辱，每个人更应该严格约束自己的言行，符合一个现代文明人的基本要求。

其次，文明是国家发展的精神动力和文化体现。在马克思、恩格斯看来，文明是物质与文化的增长，以及由此产生的各种制度建设，最终推动人的全面发展。当今时代，文化在综合国力竞争中的地位日益凸显，文明成为各国发展的灵魂和动力，是国家软实力的重要组成部分。

社会主义文明是迄今为止最先进的文明。作为社会主义核心价值观的主要内容，文明不能简单地理解为“文明礼貌”，而是包含了更深刻、更全面、更具时代特色的内涵，集中体现了社会主义先进文化的前进方向和社会主义精神文明的价值追求，包括物质文明、政治文明、精神文明、社会文明和生态文明五大构成要素。

改革开放以来，我们的文明发展之路越走越稳健，我们对文明的理解越来越深刻，文明的内涵越来越丰富，人们对文明的坚守越来越执着。文明成为社会发展的精髓所在，成为与时俱进、永不凋零的鲜艳之花。

邓小平同志提出：“我们要在建设高度物质文明的同时，提高全民族的科学文化水平，发展高尚的丰富多彩的文化生活，建设高度的社会主义精神文明。”党的十八大提出了经济、政治、文化、社会、生态文明建设“五位一体”总布局。“五位一体”，就是“五个文明一起抓”，是一种全新的境界和高标准、高质量、高品位的追求。要实现这一目标，需要我们顺应历史发展规律，坚持人与自然和谐发展，以更高的智慧、更大的魄力、更多的努力去参与新时代的生产实践、生活实践和社会实践，需要我们每个人都积极主动地为整个社会的文明建设发展多尽一份责任、多出一份力量、多做一份贡献。

历史潮流，浩浩荡荡。文明长驱，一往无前。培育和践行社会主义核心价值观，我们既要遵循文化发展规律，汲取一切文明成果的有益部分，融汇中西，继往开来，又要坚持以人为本，立足于提升公民的文明素养，用更多更优秀的精神文化产品去影响、塑造广大人民的精神家园，发挥春风化雨的熏陶引导作用。

/名 言/

凡人之所以贵于禽兽者，以有礼也。

——《晏子春秋》

礼尚往来。

——《礼记》

不学礼，无以立。

——《论语》

君子以仁存心，以礼存心：仁者爱人，有礼者敬人。爱人者人恒爱之，敬人者人恒敬之。

——〔战国〕孟轲

人无礼则不生，事无礼则不成，国家无礼则不宁。

——〔战国〕荀况

夫君子之行，静以修身，俭以养德，非淡泊无以明志，非宁静无以致远。

——〔三国〕诸葛亮

以谦接物者强，以善自卫者良。

——〔北宋〕林逋

学校者，文明进化之泉源也。

——〔近代〕孙中山

弘奖学术启文明，栽桃种李最多情。

——〔近代〕蔡元培

举止是映照每个人自身形象的镜子。

——〔德〕歌德

文明就是要造就有修养的人。

——〔英〕罗斯金

文明的建立靠的不是机器而是思想。

——〔俄〕托尔斯泰

文明的最高表达方式并非艺术，而是人们强烈地感受到的，并互相给予对方的高度的温柔体贴之情。

——〔美〕诺曼·卡曾斯

礼节是所有规范中最微小却最稳定的规范。

——〔法〕拉罗什福科

/故　事/

季文子：节俭立身，昭国之富

季文子是春秋战国时期鲁国的贵族，出身于官宦世家，祖辈三代都是丞相级别的人物。从小在这样的家庭长大，难免会沾染上一些现在所说的“纨绔子弟”的气息。可是，季文子却没有。他一生崇尚俭朴，以节俭为立身的根本。平时，季文子穿衣只要求朴素整洁，除了朝服以外，没有几件像样的衣服；每次外出，他乘坐的不是显示贵族身份的豪华马车，而是极其简陋的车。季文子不仅自己奉行俭朴的生活，还要求家人也应如此。

仲孙它知道后，就劝季文子说：“你身为上卿，德高望重，但听说你在家里不准妻妾穿丝绸衣服，也不用粮食喂马，你自己也不注意容貌服饰，这样不是显得太寒酸了吗！你这样做，不仅会让别国的人笑话，还会有损我们国家的颜面啊！人家若知道我们鲁国的上卿过这样贫穷的日子，他们会误以为鲁国是一个多么穷的国家呢！你为什么不能改变一下这种生活方式呢？这对你、对国家都有好处啊！”

季文子听后，无奈地笑了一笑，随后他严肃地反驳仲孙它说：“我也希望过锦衣玉食的生活，也想家人生活得更优越。但是，你看看我们国家普通的百姓，你知道他们过的是什么样的生活吗？他们许多人仍然吃着难以下咽的糟糠，穿着破烂不堪的衣服，甚至还有人没有东西吃，没有衣服穿。想到这些，我还怎么能安心穿好的，吃好的！我听说一个国家的强大，只能通过臣民的高洁品行表现出来，并不是他们所拥有的财富来评定的。既然如此，我又怎么能接受你的建议呢！”

听完季文子的这一番话，仲孙它真是自愧不如。同时，他也被季文子这份为国为民的良苦用心深深感动，内心对季文子更加敬重。此后，他也效仿季文子，追寻生活的俭朴，并且告诉家人尽量节俭。他的妻妾不再穿绫罗绸缎，只穿普通的衣服；他家的马也不再用上等食物来喂食，只用谷糠杂草之类的来喂养。慢慢地，更多的人被季文子影响，都加入了他的行列，崇尚俭朴节约，以至鲁国俭朴之风盛行。

勤俭节约一直都是中华民族的优秀品德，无论贫困还是富有，我们都应当将这种传统美德传承下去。

孟子休妻：夫妻相处的文明礼仪

中国自古就被称为“礼仪之邦”，讲文明、懂礼仪是我们中华民族传统文化的一部分。在古代，人们尤为注重礼仪，讲究站要有站相，坐也要有坐相。

有一次，孟子的妻子在卧室里休息，因为是独自一人，便无所顾忌地将两腿叉开坐着。这时，孟子推门进来，一见妻子姿势不雅，非常生气。因为，古人称这种双腿向前叉开坐为箕踞，箕踞向人是非常不礼貌的。孟子一声不吭就走出去，跑到孟母面前，说：“我要把妻子休回娘家去。”孟母问他：“究竟出了什么事，惹得你要休妻？”孟子说：“她既不懂礼貌，又没有仪态。”孟母追问他：“你因为什么而认为她没礼貌？”“刚才她在房里，那姿势真难看，还叉开双腿，这是对我无理。妻子不尊重丈夫，所以我要休了她。”孟子理直气壮地说道。

“那你又是如何知道的呢？”孟母问。孟子便把刚才的一幕说给孟母听，还没等孟子说完，孟母就大声斥责他：“那么没礼貌的人应该是你，而不是你妻子。”孟子感到有些迷茫，错的明明是妻子，怎么变成他了？于是，孟母向他解释说：“《礼记》里面不是说‘将门入，问孰存；将上堂，声必扬；将入户，视必下’？你进屋前，要先问一下里面是谁；上厅堂时，要高声说话；为避免看见别人的隐私，进房后，眼睛应向下看。你想想，卧室是休息的地方，你不出声、不低头就闯了进去，已经先失了礼，怎么能责备别人没礼貌呢？没礼貌的人是你自己呀！”

一席话说得孟子心服口服，再也没提休妻的话了。

礼仪是律己、敬人的一种行为规范，是表现对他人尊重和理解的过程和手段。古人云：“不学礼，无以立。”如果你不懂礼仪，就无法在社会上立足。孔子也说：“克己复礼为仁。一日克己复礼，天下归仁焉。为仁由己，而由人乎哉？”从古至今，人们最看重的不是相貌，也不是才华，而是一个人是否懂礼仪。文明礼仪比一切智慧、学识都重要。

“文明”经常与“礼仪”联系在一起。因为礼仪是一个人文明程度高低的反映。所以，要想做个文明人，首先就得学礼仪。同样，要建立一个文明社会，就需要社会的主体——人都懂礼仪，从个体单位做起。只有每个公民都培养文明礼仪，我们的社会素质才会有整体的提高，“礼仪之邦”的形象才能继续保持下去。

孔融让梨：谦让处世赢芳名

“孔融让梨”是中国千百年来流传的一个故事，是来自东汉末年文学家孔融的真实经历。它最初见于《世说新语笺疏》：融四岁，与兄食梨，辄引小者。人问其故。答曰：“小儿，法当取小者。”

孔融家里有五个哥哥、一个弟弟，他排行第六，大家都叫他小六儿。虽然家里兄弟多，但父母对他们每个人的要求都很严格：要勤奋读书；对人要懂礼貌；说话要和气；无论什么事，兄弟们都要互相谦让，不要光想着自己；别人有困难要给予帮助。孔融当时年纪虽小，父母的话却都记得清清楚楚。

有一天，父亲的朋友带来梨子，给孔融兄弟们吃。父亲叫孔融分梨，孔融挑了个最小的梨子，其余按照长幼顺序分给兄弟。父亲看见了，想到这个孩子只有四岁就这么懂事，心里很高兴，故意问孔融：“这么多的梨，又让你先拿，你为什么不拿大的，只拿一个最小的呢？”

孔融回答说：“我年纪小，应该拿个最小的，大的留给哥哥吃。”

父亲听后十分惊喜，又问他：“你还有个弟弟哩，弟弟不是比你还要小吗？”

孔融说：“我比弟弟大，所以我也应该让着他，应该把大的留给弟弟吃。”

父亲听了，哈哈大笑：“好孩子，好孩子，真是一个好孩子。”

“孔融让梨”的故事在后世传扬，小孔融也成了许多父母教育子女要学会谦让的例子。

“谦让”一直都是我国所奉行的礼仪，我们素来就以谦让为美，以谦让为君子风度，以谦让为品德标准。不管在过去还是如今，中国都把相互谦让的事当作佳话流传。许多古人还以“谦让”为主题，做过文章。比如宋人李邦献就写过“屈己者，

以孔融让梨为主题的邮票

能处众；好胜者，必遇敌”，明代著名谏臣杨继盛也写过“宁让人，勿使人让我；宁容人，勿使人容我；宁吃人亏，勿使人吃我亏；宁受人气，勿使人受我气”。这些都告诫世人要懂得谦让。为人处世，若不懂得谦让，以自我为中心，则很难让人尊敬。就像邓小平同志所说的：“‘骄傲’两个字我有点怀疑。凡是有点干劲的，有点能力的，他总是相信自己，是有点主见的人。越有主见的人，越有自信。这个并不坏。真是有点骄傲，如果放到适当岗位，他自己就会谦虚起来，要不然他就混不下去。”

在我国五千年的文明史上，这样因“谦让”而流芳百世的人还有很多。他们的故事向后人传达了一个道理——谦让是一种文明，是一种美德！

囊萤映雪：勤奋求学意志坚

晋代有一个叫作车胤的年轻人，从小就爱学习，但是因为家境贫寒，他的父亲无法为他提供一个良好的学习环境。为了维持温饱，他家已经没有多余的钱买灯油供他晚上读书。为此，车胤只能利用白天的时间背诵诗文。

夏天的一个晚上，车胤正在院子里背一篇文章，忽然看见许多萤火虫在低空中飞舞。他灵机一动，想着如果把许多萤火虫集中在一起的话，就可以做成一盏灯了。于是，他立刻找来一只白绢口袋，随即抓了几十只萤火虫放在里面，再扎紧袋口，把它吊起来。虽然不怎么明亮，但是可以勉强用来看书了。由于勤学，他后来终于成为一位有所建树的官员。

同在晋代，还有一个叫孙康的人，也是因为家贫，没钱买灯油，晚上无法看书，只能早早地睡觉。

一天半夜，孙康从睡梦中醒来。他无意中把头侧向窗户一边，发现窗缝里透进一丝光亮。他很好奇，便起身查看缘由。原来，那是白雪映出来的。看着这微弱的亮光，孙康倦意顿失，立即穿好衣服，抱着一本厚厚的书，来到屋外。宽阔的大地上映出的雪光，比屋里要亮多了。孙康不顾寒冷，立即看起书来。虽然天寒地冻，但是因为可以看书，他感到很满足。这种苦学的精神，促使他的学识突飞猛进。后来，他也在仕途上有所作为。

车胤塑像

后人将他们两个人的故事称为“囊萤映雪”，赞扬他们刻苦读书的精神。与之相似的还有“悬梁刺股”的故事。

东汉时，有个人名叫孙敬，是著名的政治家。在孙敬显扬之前，由于他知识浅薄，得不到朝廷的重用，许多人都看不起他，连他家里人也如此。

这让孙敬大受刺激，下定决心认真钻研学问。从此以后，孙敬经常关起房门，独自一人不停地读书。每天从早读到晚，经常是废寝忘食。读书时间长，劳累了，他仍不愿浪费时间休息。时间久了，他终于无法抵抗疲倦的力量，一直想打瞌睡。怕自己的学习受到影响，孙敬想出了一个特别的办法。由于古时候男子的头发都很长，他就找来一根绳子，一头牢牢地绑在房梁上，一头绑在自己的头发上。当他读书疲劳时打盹了，头一低，绳子会牵住头发，这样就会把头皮扯痛，马上便清醒了，再继续读书学习。就是靠着这样勤奋读书的决心，孙敬后来成为著名的政治家。

孙康映雪读书图

战国时期，有一个人名叫苏秦，年轻时由于学问不多不深，到处谋事，都不受重视。回家后，家人也瞧不起他。于是他下定决心，发愤读书。他常常读书到深夜，很疲倦，常打盹，直想睡觉。于是他想出了一个方法，准备一把锥子，一打瞌睡，就用锥子往自己的大腿上刺一下。猛然间的疼痛，会使自己清醒起来，再坚持读书。如此这般坚持了一年，苏秦再次周游列国，终于说服齐、楚、燕、韩、赵、魏“合纵”抗秦，并手握六国相印。

在许多人看来，勤奋读书的人，同时也是个有追求的人，是个懂得伦理道德的人，是个有素养的人。悠悠中华有着几千年的文明，正有赖勤奋好学的精神和行动来加以传承。

程门立雪：尊师重道文明风

北宋时期，福建将乐县有个叫杨时的士子，他特别喜好钻研学问，于是到处寻师访友，曾经在著名学者程颢门下学习过。程颢临终前，又将杨时推荐到其弟程颐门下。

杨时那时已经四十多岁，学问也相当高，但他仍谦虚谨慎，不骄不躁，尊师敬友，深得程颐的喜爱，被程颐视为得意门生。一天，杨时与学友游酢因对某问题有不同看法，为了求得一个正确答案，他俩一起去老师家请教。当时正值寒冬腊月，他们走在路上，凛冽的寒风肆无忌惮地灌进他们的领口。他们把衣服裹得紧紧的，只顾匆匆赶路。来到程颐家时，却不巧赶上老师正在屋中打盹儿。杨时便劝告游酢不要惊醒老师，于是两个人静静地立在门口，等待老师醒来。一会儿，天飘起鹅毛大雪，越下越急，杨时和游酢却还立在雪中，游酢实在冻得受不了了，几次想叫醒程颐，都被杨时拦住了。直到程颐一觉醒来，才赫然发现门外的两个雪人！程颐深受感动，从此，更加尽心尽力教授杨时。杨时不负众望，终于尽得老师真传。

程门立雪图

之后，杨时回到南方传播程氏理学，并且形成了独家学派，世称“龟山先生”。后人用“程门立雪”这个典故，来赞扬那些尊师重道的学子。

尊师重道，最早出现在《后汉书·孔僖传》中：“臣闻明王圣主，莫不尊师贵道。”尊师重道是中华民族自古以来的传统美德，古往今来，代代相传。我们习惯认为：一个人是否尊师重道，代表着他的人品怎样。古人流传下来一句话，“一日为师，终身为父”。在他们看来，一个人要想做一个完整的人，光有丰富的知识是远远不够的，还要有良好的道德修养。

尊师重道是优秀的传统美德，也是一种文明礼仪。古人云：“不学礼，无以立。”孔子也说：“克己复礼为仁。一日克己复礼，天下归仁焉。为仁由己，而由人乎哉？”从古至今，人们看重的不是一个人的相貌，也不只是他的才华，更是他的礼仪修养。如果不懂礼仪，人就无法在社会上立足。

作为文明礼仪的一部分，尊师重道在其中占据着重要的地位。古代除了有杨时的“程门立雪”，还有张良拜师、唐太宗教子尊师等，这些尊师重道的佳话都广为流传。

黄庭坚：涤亲溺器，孝为德本

孝为德之本。《二十四孝》广为流传，其中“涤亲溺器”讲的是北宋黄庭坚为母亲清洗马桶的故事。清洗马桶，看似小事，也极容易，可是要长年累月地坚持，这番苦心孝行就不是一般人所能为的了。

黄庭坚是北宋诗人、词人、书法家，江西诗派开山之祖。宋仁宗庆历五年（1045年）农历六月十二日，出生于洪州分宁县（今江西修水）双井村。在他十四岁那年，身为康州太守的父亲病逝。父亲是家里的顶梁柱，病逝之后，家里便没有了经济来源，生活十分拮据，他的母亲只好接一点缝缝补补的活来补贴家用。那时候，黄庭坚因“五岁背《诗经》，七岁能作诗”，成为远近闻名的“双井神童”。母亲不想断送儿子的前程，尽管很贫穷，她还是咬紧牙关送黄庭坚上学。因此，在长大成人、功成名就后，他仍不忘母亲的恩情。

黄庭坚的母亲有一点洁癖，受不了马桶的异味，所以他从小就每天亲自倾倒母亲的马桶，并清洗干净，数十年如一日，从没有间断。即使日后他身为朝中显贵，也依然如故。很多人对黄庭坚的做法表示不理解，有一次，有人问黄庭坚：“您身为高贵的朝廷命官，又有那么多的仆人，为什么要亲自来做这些琐碎的事务，甚至还亲手刷洗母亲便桶，怎么做这样卑贱的事情呢？”

黄庭坚回答：“孝顺父母是我的本分，同自己的身份地位没有任何关系，怎能让仆人去代劳呢？再说孝敬父母的事情，是出自一个人对父母至诚感恩的天性，又怎么会有高贵与卑贱的分别呢？”

黄庭坚不是一个清闲的文人，他长时间在朝为官，公务十分繁忙；他也不是请不起专职侍奉母亲的婢女，贵为太史，家中自然不缺少人照顾。只是，在他看来，孝敬父母是为人子女应尽的义务，必须亲自做到，不可以委托他人。而且，尽孝和官位高低没有任何关系。

后来，黄庭坚奉命修撰《神宗实录》，完成后，被提拔为起居舍人。但是，此时母亲已是重病缠身，命悬一线，于是，他上书请求将自己升为起居舍人的恩赐转授给母亲。黄庭坚的母亲因此获得安康郡太君的封诰。不仅如此，在母亲病重时，黄庭坚坚持每天探望母亲，并且守护在母亲身边，悉心照料，给母亲喂汤喂药。

黄庭坚涤亲溺器图

可是，没过多久，黄庭坚的母亲还是撒手人寰。黄庭坚悲痛万分，坚持回乡丁忧。在丁忧期间，他因哭得太多而患上了眼疾，差点双目失明。

古代文人士大夫以孝行为先，这是其自身道德情操不可或缺的组成部分。而从古至今，孝就是个人道德素养的重要体现，也是整个社会文明程度的展示平台。

七千丈：行事交友礼先行

相传古时候，有个商人从河南开封到苏州做生意。当他走到离苏州城不远的一座山上时，遇到一个三岔路口，不知道应该选择哪条路。正当他犹豫不决的时候，忽然看到附近水塘边有一位放牛的老翁。犹如看到了希望，他急急忙忙奔过去就问道："哎！老头！从这里去苏州走哪一条路啊？还有多少路程？"

"看衣衫倒是斯斯文文，怎么一点礼貌都没有！"老翁心里不快，于是叹了一口气，随手指了一条路，说："走中间那一条路吧，那是最近的。这里离苏州不远，大概还有六七千丈。"

本来听到走中间的路，商人很兴奋，但是听到"六七千丈"时，他感到一丝奇怪，又问老翁："哎！老头，你们这个地方判断路程怎么不是论里而是论丈呀？"

老翁慢慢回答："我们这个地方一向都是讲礼（里）的，可是自从这里来了一个不讲礼（里）的人后，就不讲礼（里）了！"说完，老翁牵着牛，摇着头慢悠悠地离开了。

商人丝毫没有听懂老翁话里的讽刺，而是急冲冲地朝着老人指的方向走去。商人沿着中间那条路前行，可是走了好久都没有看到一户人家，反而越发荒凉。商人不禁怀疑起老人来，"他到底知不知道去苏州的路啊？"商人嘀咕。正在这时候，商人看到一个砍柴人，就像看到救星般，他连忙上前问道："去苏州是走这路吗？"柴夫不冷不热地说："照你这个方向走，几天几夜也到不了苏州！你这是往相反的方向走。"柴夫说完就走了。商人听后，气急败坏，他觉得老翁是故意整他，不禁大骂起老翁来。可是，忽然间，他像是想起什么似的，随后若有所悟地说了一句："原来，老人是在惩罚我没有礼貌啊！"

讲文明，讲礼仪，一直都是中华民族的传统美德。古人非常讲究礼仪，甚至两国交战也要"先礼后兵"。如今，我们也非常重视礼仪。通常，长辈或者上司对年轻人的看法，往往通过他是否有礼貌来评判。结交陌生人，如果你的礼仪得当，就会给人留下好的印象；否则，对方甚至不愿与你交往。礼仪，可以说是走遍天下的通行证。任何时候，我们都不能丢掉礼仪，否则很有可能会像故事中的商人一样，不知不觉中受到别人的惩罚。

/链 接/

中国传统礼仪习俗

中国素称“礼仪之邦”，“礼”无时不在，出行有礼，坐卧有礼，宴饮有礼，婚丧有礼，寿诞有礼，祭祀有礼，征战有礼等等。这里的“礼”包含了礼仪制度与礼仪行为两大部分。这里只就日常生活中的礼仪行为择要介绍：

行走之礼

在行走过程中同样要注意人际关系的处理，因此有行走的礼节。古代常行“趋礼”，即地位低的人在地位高的人面前走过时，一定要低头弯腰，以小步快走的方式对尊者表示礼敬，这就是“趋礼”。行走礼仪中，还有“行不中道，立不中门”的原则，即走路不可走在路中间，应该靠边行走；站立不可站在门中间。这样既表示对尊者的礼敬，又可避让行人。

见面之礼

人们日常见面既要态度热情，也要彬彬有礼。与不同身份的人相见，都有一定的规矩。比如一般性的打招呼，在上行拱手礼。拱手礼是最普通的见面礼仪，方式是双手合抱（一般是右手握拳在内，左手加于右手之上）举至胸前，立而不俯，表示一般性的客套。如果到别人家做客，在进门与落座时，主客相互客气行礼谦让，这时行的是作揖之礼，称为“揖让”。作揖同样是两手抱拳，拱起再按下去，同时低头，上身略向前屈。作揖礼在日常生活中为常见礼仪，除了上述社交场合外，向人致谢、祝贺、道歉及托人办事等也常行作揖礼。身份高的人对身份低的人回礼也常行作揖礼。社会对至尊者还有跪拜礼，即双膝着地，头手有节奏触地叩拜，即所谓叩首。现今跪拜礼只在偏远乡村的拜年活动能够见到，一般不再施行。在当今社会，人们相见一般使用西方社会传入的握手礼。

入坐之礼

社会礼仪秩序井然，坐席亦有主次尊卑之分，尊者上坐，卑者末坐。何种身份坐何位置都有一定之规，如果盲目坐错席位，不仅主人不爽，自己事后也会为失礼之事追悔莫及。如果自己不能把握坐何种席次，最好的办法是听从主人安排。室内座次以东向为尊，即贵客坐西席上，主人一般在东席上作陪。年长者可安排在南向的位置，即北席。陪酒的晚辈一般在北向的位置，即南席。入坐的规矩是，饮食时人体尽量靠近食案，非饮食时，身体尽量靠后，所谓“虚坐尽后”。有贵客光临，应该立刻起身致意。

饮食之礼

饮食礼仪在中国占有极重要的位置，在先秦，人们便“以飨燕之礼亲四方宾客”。迎宾的宴饮称为“接风”“洗尘”，送客的宴席称为“饯行”。宴饮之礼无论迎送都离不开酒品，“无酒不成礼仪”。宴席上饮酒有许多礼节，客人须待主人举杯劝饮之后，方可饮用，所谓：“与人同饮，莫先起觞。”客人如果要表达对主人的盛情款待的谢意，也可在宴饮的中间举杯向主人敬酒。在进食过程中，同样先有主人执筷劝食，客人方可动筷，所谓：“与人共食，慎莫先尝”。古代还有一系列进食规矩，如“当食不叹”“共食不饱、共饭不泽手”“毋投骨于狗”等，主客相互敬重，营造和谐进食、文明进食的良好氛围。

中国人的礼制精神是亲亲爱人，礼仪原则是自卑尊人。在与人交往时要放低姿态，谦恭待人，尊重他人，以赢得他人的尊重。如果地位高的人屈尊结交比他地位低的人会得到很好的社会效果，“若要好，大敬小”。并且敬人不仅是礼貌的姿态，或仅为礼仪性的表示，而是要有发自内心的对他人的尊重。如果没有发自内心的恭敬，礼节就会成为虚套，这就不符合礼仪标准。礼俗中诚敬谦让，和众修身的礼仪原则在当代社会仍然值得提倡。当然现在我们对礼俗的继承是一个复杂问题，须认真辨析，择善而从。

中国人的“礼”文化：懂礼、习礼、守礼、重礼

中国素有懂礼、习礼、守礼、重礼的传统，被称为“礼仪之邦”。礼仪在古代社会规范着人的道德和行为，也是文明的象征，同时礼仪在历史上被不断地修正、完善、继承和发扬。《周礼》《仪礼》《礼记》三部专门阐述礼的经典著作在中华文化中有举足轻重的地位。

礼深含人类对宇宙天地的敬畏，对德性的追寻，对和谐的追求，对人本身的期望和宽容，以及对美好生活的期待，对审美情趣的重视和培养，以及对社会秩序的协调。《左传·隐公十一年》所谓：“礼，经国家，定社稷，序民人，利后嗣者也。”

那么，什么是礼呢？《左传·昭公二十五年》中说：“礼，上下之纪，天地之经纬也，民之所以生也。”礼是天地法则在人类社会的体现，所谓“礼以顺天，天之道也”（《左传·文公十五年》）。礼还成为文明与野蛮的界标，古人以礼分夷夏（即野蛮与文明），而不以血族分内外。礼是秩序，礼对社会秩序、上下尊卑关系有严格的规范。礼是典章制度，《周官》中的官制设计在古代一直是政府机构的主要蓝本。

礼还是日常生活的准则，其根据仁义文行忠信的要求制定的仪轨包罗万象。礼能让人区别于动物，例如食礼中的种种规矩。礼也是人与人交往的方式，例如其对称谓、迎送、仪容、宴饮、书信交往等都有相应的规范。以大类划分，它包括吉、凶、军、兵、嘉五礼，以小类划分，则有数十种，以至于《礼记·中庸》有“礼仪三百，威仪三千”之说。

为何要学礼重礼呢？《礼记·曲礼》有云：“道德仁义，非礼不成，教训正俗，非礼不备。分争辨讼，非礼不决。君臣上下父子兄弟，非礼不定。宦学事师，非礼不亲。班朝治军，莅官行法，非礼威严不行。祷祠祭祀，供给鬼神，非礼不诚不庄。是以君子恭敬撙节退让以明礼。鹦鹉能言，不离飞鸟；猩猩能言，不离禽兽。今人而无礼，虽能言，不亦禽兽之心乎？夫唯禽兽无礼，故父子聚麀。是故圣人作，为礼以教人。使人以有礼，知自别于禽兽。

“太上贵德，其次务施报。礼尚往来。往而不来，非礼也；来而不往，亦非礼也。人有礼则安，无礼则危。故曰：礼者不可不学也。夫礼者，自卑而尊人。虽负贩者，必有尊也，而况富贵乎？富贵而知好礼，则不骄不淫；贫贱而知好礼，则志不慑。”

和　谐

释　义

“大道之行也，天下为公。选贤与能，讲信修睦，故人不独亲其亲，不独子其子；老有所终，壮有所用，幼有所长，鳏寡、孤独、废疾者，皆有所养。是谓大同。”在两千多年前的中国，古人就畅想了一个美好和谐的“中国梦”。

这个和谐的“大同梦”两千多年后仍在继续，近代改良派的领袖康有为撰写了一本书，构想了一个“无阶级、无私产、无家族、无邦国、无帝王，人人相亲，人人平等”的美丽世界，名为《大同书》。遗憾的是，康有为所处的是他所理解的“据乱世”，一生未能见到“升平世”的到来。

两千多年来，人们从不同角度对“大同社会”“小康社会”的设想，正反映了人们对和谐社会的向往和追求。和谐社会是人类长久以来一直追求的重要价值取向，是中华文明自古遵循的核心价值理念。

《现代汉语词典》对“和谐”的释义是：“配合得适当而不生涩，融洽而不别扭。”和谐是世界的一种本质，构成事物存在的根据和发展动因。在辉煌灿烂的五千年中华文化中，和谐占有非常重要的历史地位。中国人在心灵深处，都具有一种与生俱来的和谐精神。《道德经》里所谓的“道法自然”“万物负阴而抱阳，冲气以为和”等思想，正是顺乎自然规律，就是人与自然的和谐相处。古代中国先贤提倡的“和实生物，同则不继”“如乐之和，无所不谐”等理念，体现了古人以和为美、以和为贵的主张。西方哲学思想史对于和谐也有深刻的论述。古希腊哲学家毕达哥拉斯就认为“整个天就是一个和谐”“万物皆数”，在他看来，世界上的万事万物都是数及其关系的和谐。

和谐贯穿于个人修为、国家治理、社会建构等多个层面。就一般事物而言，和谐是事物存在的一种辩证关系的积极展现；就社会形态的特征而言，和谐是中国特色社会主义的本质属性；就人类历史的未来发展而言，和谐世界是人类的共同价值追求。

中国特色社会主义和谐社会建设，是马克思主义描绘未来理想社会蓝图的伟大科学实践。在中国共产党领导下，我们建立了社会主义新中国，形成了56个民族团结和睦的大家庭。我们探索形成了人民代表大会制度这一根本政治制度，形成了以人民政协为载体的中国共产党领导的多党合作和政治协商制度。这些都极大程度地体现了政治制度的和谐、国家管理的和谐、国民与国家之间的和谐、各民族之间的和谐、各阶层之间的和谐、生产与生活的和谐、人类与自然的和谐。

构建和谐社会作为一个系统工程，贯穿于建设中国特色社会主义的始终，是一个不断化解矛盾的长期历史过程。如今，中国共产党正带领中国人民走在全面建设小康社会、实现中华民族伟大复兴的历史征程上，要实现全面协调可持续发展，全面建成小康社会，进而实现中华民族伟大复兴，就必须坚持以经济建设为中心，把构建社会主义和谐社会摆在更加突出的地位，最大限度激发社会活力，最大限度增加和谐因素，最大限度减少不和谐因素。

和谐，是中华民族不懈追求的目标；和谐，是我们大家共同努力的方向；和谐，是经济社会健康发展的保障；和谐，是实现中华民族伟大复兴的中国梦的重要基础。习近平总书记在十八届中共中央政治局常委同中外记者见面发表讲话时说："我们的人民热爱生活，期盼有更好的教育、更稳定的工作、更满意的收入、更可靠的社会保障、更高水平的医疗卫生服务、更舒适的居住条件、更优美的环境，期盼孩子们能成长得更好、工作得更好、生活得更好。"培育和践行社会主义和谐观，任重而道远。我国要构建的和谐社会，是"民主法治、公平正义、诚信友爱、充满活力、安定有序、人与自然和谐相处的社会"。

只有在党的领导下，立足传统优秀文化，继承发扬中华民族的和谐智慧，通过舆论引导、文化熏陶、实践养成等，让和谐观内化于心，外化于行，逐步实现身心和谐、人际和谐、人与社会关系和谐、人与自然关系和谐。

/名　言/

二人同心，其利断金。

——《周易》

和实生物，同则不继。以它平它谓之和，故能丰长而物生之。

——《国语》

亲仁善邻，国之宝也。

——《左传》

如乐之和，无所不谐。

——《左传》

礼之用，和为贵。

——〔春秋〕孔子

君子和而不同，小人同而不和。

——〔春秋〕孔子

大道之行也，天下为公，选贤与能，讲信修睦。故人不独亲其亲，不独子其子，使老有所终，壮有所用，幼有所长，鳏寡孤独废疾者皆有所养。

——《礼记》

乐民之乐者，民亦乐其乐；忧民之忧者，民亦忧其忧。乐以天下，忧以天下。

——〔战国〕孟轲

万物各得其和以生，各得其养以成。

——〔战国〕荀况

千人同心，则得千人力；万人异心，则无一人之用。

——《淮南子》

和气致祥。

——〔东汉〕班固

各安其居而乐其业，甘其食而美其服。

——〔东汉〕班固

土地平旷，屋舍俨然，有良田美池桑竹之属。阡陌交通，鸡犬相闻。其中往来种作，男女衣着，悉如外人。黄发垂髫，并怡然自乐。

——〔东晋〕陶渊明

家和万事兴。

——俗语

美的真谛应该是和谐。

——〔现代〕冰心

各美其美，美人之美，美美与共，天下大同。

——〔现代〕费孝通

世间最平和的快乐就是静观天地与人世，慢慢地品味出它的和谐。

——〔现代〕三毛

美在和谐。

——〔古希腊〕赫拉克利特

亲善产生幸福，文明带来和谐。

——〔法〕雨果

对和谐之美的追求是人类的本能。

——〔德〕马克思

恶德——不和、战争、悲惨；美德——和平、幸福、和谐。

——〔英〕雪莱

/故　事/

赵佗："和辑百越"筑和谐

公元前219年，赵佗被封为副帅，跟随主将屠睢征战岭南。不久屠睢被杀，赵佗便跟随任嚣继续平定岭南。之后秦设立南海郡、桂林郡、象郡，是为岭南三郡，其下设番禺、龙川、博罗、揭阳四个县。任命任嚣为南海郡的郡尉，赵佗为龙川县令。

秦朝二世而亡，中原大乱。公元前208年，南海郡郡尉任嚣病重。在临死前，他召回赵佗，将南海郡郡尉之位传给赵佗，嘱咐他可依据南海郡依山傍水、易守难攻的有利地形自立国家。不久，任嚣病逝，赵佗成为南海郡郡尉，并于公元前203年起兵兼并桂林郡和象郡，建立南越国，自称"南越武王"。

赵佗要想稳固南越国的根基，必须得到当地越人的支持。古今中外，民族矛盾一直都是个棘手的问题。当时横亘在他们之间的是"中原"和"百越"不同民族间的差异。若治理不到位，则很容易引发民族矛盾。为此，他提出了"和辑百越"的民族政策。

首先是让越人参政，特别是当地有威望的越人首领到南越国的中央参与政权管理。越人首领吕嘉就颇受重用，被提拔为南越国的丞相，直接参与国家大事。吕嘉的弟弟也被封为将军。据《史记》《汉书》记载，赵佗还吸收许多其他越人担任官职，如归义侯郑严和田甲、驰义侯何遣、赵郎都稽等人。

其次是遵从当地习俗。在龙川县担任了几年县令的赵佗了解到，中原与岭南之间的文化和习俗都有很大的区别，深知若中原人歧视越人的习俗，就很容易伤害越族人民的民族感情。于是，赵佗带头尊重和顺从越人的风俗习惯。据《史记》记载，赵佗公开宣称自己是"蛮夷大氏老"，他脱掉中原的正统官服，采用越人的服饰，还剪发结髻。在赵佗的带领下，其他南下的中原汉族官吏也纷纷接受了越族的风俗习惯。

第三是鼓励中原人与越人通婚。从古至今，一个民族向另一个民族表示友好相处，愿增进彼此间友好感情的重要渠道就是通婚。赵氏政权对这个政策很重视，他们王室一族以身作则，带头与越人通婚。第三代南越王赵婴齐就娶了越女为妻，并生下一子。还有丞相吕嘉连相三王，他一族中“男尽尚王女，女尽嫁王子弟宗室”，甚至还与远离番禺的苍梧王赵光联婚。这说明“汉越通婚”在上层统治者中很普遍。连南越国的上层统治者们都如此，可想而知，民间就更普遍了。

赵佗塑像

最后，以越人“自治”。赵佗仿汉朝廷中央分封诸侯制来管理南越国。赵佗在交趾地区分封了一个西于王。因为交趾地广人稀，山林密布，部落实力很强大，当年赵佗打败了交趾王之后，只是派了一个官吏去主持当地的政事，而对那里的社会组织结构无法做任何改变。在交趾分封的西于王，是一个在当地很有影响力和号召力的越人，通过他来“自治”交趾，既可以安抚他不至于叛乱，又可以更好地管束当地越人。

在之后长达93年的时间里，汉越两族人民和谐共处，没有发生越人反叛的事情。不仅如此，汉越文化还得到有效的融合，赵佗的“和辑百越”政策被证明完全符合汉族和越族两族人民的根本利益。

桃花源：昨天的理想国与和谐梦

“忽逢桃花林，夹岸数百步，中无杂树，芳草鲜美，落英缤纷……林尽水源，便得一山……山有良田美池桑竹之属。阡陌交通，鸡犬相闻。其中往来种作，男女衣着，悉如外人。黄发垂髫，并怡然自乐。”这是《桃花源记》所描绘的美好和谐、“不知有汉，无论魏晋”的世外桃源。

《桃花源记》是陶渊明的代表作之一，其价值不仅体现在文学上，更在于它的社会现实意义。它创作于永初二年（421年），南朝刘裕弑君篡位的第二年。

在《桃花源记》里，作者描写了一个世外桃源：东晋太元年间，武陵郡一个渔人，顺着溪水行船，忘记了路程的远近。忽然遇到一片桃花林生长在溪水的两岸，长达几百步，中间没有别的树，花草鲜嫩美丽，落花纷纷，散在地上。渔人对眼前的景色感到十分诧异，继续往前行船，想走到林子的尽头。

桃林的尽头就是溪水的发源地，于是便出现一座山，山上有个小洞口，洞里仿佛有点光亮。于是他下了船，从洞口进去。起初洞口很狭窄，仅容一人通过。又走了几十步，突然变得开阔明亮了。呈现在他眼前的是一片平坦宽广的土地，一排排整齐的房舍。还有肥沃的田地、美丽的池沼，桑树竹林之类的。田间小路交错相通，鸡鸣狗叫到处可以听到。人们在田野里来来往往耕种劳作，男女的穿戴跟桃花源以外的世人完全一样。老人和小孩们个个都安适愉快，自得其乐。

村里的人看到渔人，感到非常惊讶，问他是从哪儿来的。渔人详细地做

桃花源图

了回答。村里有人就邀请他到自己家里去做客，设酒杀鸡做饭来款待他。村里人听说来了这么一个人，都来打听消息。他们说自己的祖先为了躲避秦时的战乱，领着妻子儿女和乡邻来到这个与世隔绝的地方，不再出去，因而跟外面的人断绝了来往。他们问渔人现在是什么朝代，竟然不知道有过汉朝，更不必说魏晋两朝了。渔人把自己知道的事一一详尽地告诉了他们，听完以后，他们都感叹惋惜。其余的人各自又把渔人请到自己家中，都拿出酒饭来款待他。渔人停留了几天，向村里人告辞离开。村里的人对他说："我们这个地方不要对外面的人说啊！"

渔人出来以后，找到了他的船，就顺着旧路回去，处处都做了标记。到了郡城，到太守那里去，报告了这番经历。太守立即派人跟着他去，寻找以前所做的标记，最终迷失了方向，再也找不到通往桃花源的路了。

《桃花源记》虽然是虚构的世界，但它表达了作者对现实生活的失望，以及对和谐社会的向往。

陶渊明年轻的时候，也抱有"大济苍生"的志向。可是，他生活在晋宋易主的时代，东晋王朝偏安一隅苟且偷生，朝廷内部腐败不堪。连年混战的军需补充，使得百姓赋税越发加重。同时，东晋严格的门阀制度，致使一些中下层的知识分子没有施展才华的机会。陶渊明正属于后者，加之生性耿直，不愿卑躬屈膝，攀附权贵，在这样的环境里，他的一腔抱负根本无法实现。于是，陶渊明选择了归隐田园，远离尘嚣。

不过，千百年来，《桃花源记》一直为人所向往。它是中国人创造的"乌托邦""理想国"，寄托了人民对和谐美好生活的向往。

“六尺巷”：通往和谐社会之路

在《桐城县志》里记载着一个关于“六尺巷”的真实故事。

清代康熙年间，文华殿大学士兼礼部尚书张英老家的人与邻居吴家在建房子时，因为土地问题发生了争执。两家大院的宅地由于都是祖上的产业，时间久远，双方产业之间的界线早已模糊不清。这便让爱占便宜的人钻了空子。土地意味着金钱，他们谁肯拱手将金钱送给别人呢。正是因为这几尺地皮，这对多年的邻居争执顿起，公说公有理，婆说婆有理，谁也不肯相让一丝一毫。但由于这件事牵涉到尚书大人，得罪了这个权贵，只怕自己会吃不了兜着走，于是官府和旁人都不愿沾惹是非，惹事上身。纠纷越闹越大，张家人只好把这件事告诉在京城做官的张英，让张英跟上面打声招呼以摆平吴家。

而远在京城的张英阅过家人的来信，只是淡然一笑，旁边的人面面相觑，不明所以。只见张大人挥起大笔，一首诗一挥而就。诗中写道：“千里家书只为墙，让他三尺又何妨。长城万里今犹在，不见当年秦始皇。”将信交给来人，张英命其快速带回老家。家里人一见京城有书信回来，喜不自禁，以为张英一定有一个强硬的办法，或者有一条锦囊妙计，能够让邻居知难而退。但家人看到的却是一首打油诗，都败兴得很，但仍不甘心退让。

一家人左思右想，还是想不出一个令大家都满意的好办法，最后一合计，似乎也只有“让”这唯一的办法。土地是很可贵的家产，但双方僵持不下，谁也不妥协，实在不属上策啊，不如自己主动让三尺看看，最起码能够解决争端，避免发生不必要的矛盾。思及此，张家人立即动员将垣墙拆让三尺，随后大家对张英和他家人宽容旷达的态度称赞不已。张英的行为正应了那句古话：“宰相肚里能撑船。”而尚书一家的退让之举，让邻居既感动又羞愧，全家一致同意也把围墙向后退三尺。最后，两家人的争端终于平息。

两家之间空出一条巷子，六尺宽，有张家的一半，也有吴家的一半，村民们可以自由通过。六尺巷由此得名。

这条几十丈长的巷子虽短，留给人们的思索却很长。它的“宽”不是宽在“六尺”上，而是“宽”在人们的心灵境界与和谐礼让精神上。由此看来，构建和谐社会，构建社会主义新型的和谐邻里关系，几百年前的古人们就给我

安徽桐城的六尺巷

们做了很好的表率。

六尺巷的故事昭示的是中国人民追求和谐的传统美德，闪耀着超越时空的思想光辉。“包容忍让，平等待人”作为一种源远流长的社会美德，也是永不褪色的。

林召棠：状元撰联弭争谤

林召棠是粤西地区唯一的状元，他在幼时便有“才子”之称。他喜欢对联，并且经常通过对联来巧妙地化解误解和矛盾。

清代嘉庆八年（1803年），17岁的林召棠已经是个秀才，被赞为“海滨俊才”。即使如此，他父亲却从不肯放松对他的教育，对他管教十分严厉。有一回，父亲听说他行为不检，戏弄女性，顿时勃然大怒，打算狠狠责罚儿子一番。后来转念一想，事情还有待查实，便想以对对子的方式来试探儿子，于是他提出上联：

奴手是拏，从此莫拏奴手

林召棠聪明过人，早已猜到有人诬告自己，也知道父亲在试探他。他眨眨眼，便对出下联：

人言为信，今后别信人言

林召棠借对联来告诉父亲，不要轻信人言。他父亲也是明白事理的人，便深入调查此事，最后知道是邻居诬陷而已。知道真相的父亲对儿子感到很愧疚，同时又对儿子的人品放下心来。此后，林召棠的父亲对儿子更加信任了。

道光三年（1823年），林召棠进京参加科举考试。他的笔试成绩名列前茅，在殿试时又被皇上钦点为状元。关于他的传奇很快便传遍全国。

不久，林召棠告假回家探亲。在途经苏州时，住在苏州的广东会馆。当时会馆设宴招待这位新科状元，并请了当地一些才子作陪。林召棠向来是不喜欢张扬的人，因此参加宴会时，他没有刻意着装，也不争抢风头。可是，这在另处就座的才子眼中却并不是什么优点。反而，他们觉得林召棠的表现实在不配“状元”二字。因此，他们有意刁难他。他们假装无意地提到苏州的关帝庙，又说此庙正欠缺一副对联，恰好碰上林状元在此，便请状元郎做一副。他们等着看他做不出来出丑的样子。林召棠又怎么会不知他们的心思呢！他只是

林召棠手迹

颔首微笑，也不推托。只见他沉吟片刻，便豪笔一挥：

匹马斩颜良，河北英雄皆丧胆；
单刀会鲁肃，东南才子尽寒心。

林召棠的这副对联，引用了两个尽人皆知的典故，借古喻今，天衣无缝，并且用笔豪放，雄劲有力，在座的才子无不佩服得五体投地。他们为自己之前的“小人之心”感到羞愧，对身为状元却依然从容淡定的林召棠感到真心敬佩。

仍是在道光年间，在恩平县城郊的林家村，有林姓的两房人家共建了一座祠堂。有一房的人觉得论资排辈，他们的祖先林松椒是叔公，祠堂应取名为“松椒家祠”；另一房的人认为，松椒虽是叔公，但自己这房人多，捐建祠堂出的钱多，祠堂应该以自己的祖先林崇岐的名字命名，应取名“崇岐公祠”。双方都觉得自己是对的，于是争执不休，互不相让。正巧林召棠路过这里，了解情况后，见双方都没有丝毫退让的意思，便想帮助他们解决这个难题，最终还是借助他的强项——对联。他命人取来纸笔，挥笔写下了这副巧妙的拆字联：

松木公，椒木叔，木木成林皆叔公；
崇山宗，岐山支，山山叠出尽宗支。

然后落款“新科状元林召棠题”，并叫人送去。这两房人家见才高八斗的林状元居然亲自调解矛盾，而且不偏不倚，心里非常敬佩。就这样，一副对联平息了一场风波，两房人又恢复了和谐友好的局面。

/链　接/

社会主义和谐社会

社会主义和谐社会是马克思主义政党不懈追求的一种社会理想。中外历史上都产生过不少有关社会和谐的思想。进入21世纪后，中共十六大和十六届三中全会、四中全会，从全面建设小康社会，开创中国特色社会主义事业新局面的全局出发，明确提出构建社会主义和谐社会的战略任务，并将其作为加强党的执政能力建设的重要内容。中共十六大报告第一次将“社会更加和谐”作为重要目标提出。中共十六届四中全会，进一步提出构建社会主义和谐社会的任务。

其宗旨是以人为本，基本特征包括以下几方面：

民主法治，就是社会主义民主得到充分发扬，依法治国的基本方略得到切实落实，各方面积极因素得到广泛调动；

公平正义，就是社会各方面的利益关系得到妥善协调，人民内部矛盾和其他社会矛盾得到正确处理，社会公平和正义得到切实维护和实现；

诚信友爱，就是全社会互帮互助、诚实守信，全体人民平等友爱、融洽相处；

充满活力，就是能够使一切有利于社会进步的创造愿望得到尊重，创造活动得到支持，创造才能得到发挥，创造成果得到肯定；

安定有序，就是社会组织机制健全，社会管理完善，社会秩序良好，人民群众安居乐业，社会保持安定团结；

人与自然和谐相处，就是生产发展，生活富裕，生态良好。

孔子的“大同”与“小康”论

昔者仲尼与于蜡宾，事毕，出游于观之上，喟然而叹。仲尼之叹，盖叹鲁也。言偃在侧，曰：“君子何叹？”孔子曰：“大道之行也，与三代之英，丘未之逮也，而有志焉。大道之行也，天下为公，选贤与能，讲信修睦。故人不独亲其亲，不独子其子，使老有所终，壮有所用，幼有所长，鳏寡孤独废疾者皆有所养，男有分，女有归。货恶其弃于地也，不必藏于己；力恶其不出于身也，不必为己。是故谋闭而不兴，盗窃乱贼而不作，故外户而不闭。是谓大同。今大道既隐，天下为家，各亲其亲，各子其子，货力为己，大人世及以为礼，城郭沟池以为固，礼义以为纪，以正君臣，以笃父子，以睦兄弟，以和夫妇，以设制度，以立田里，以贤勇知，以功为己。故谋用是作，而兵由此起。禹、汤、文、武、成王、周公由此其选也。此六君子者，未有不谨于礼者也。以著其义，以考其信，著有过，刑仁讲让，示民有常，如有不由此者，在执者去，众以为殃。是谓小康。”

（摘自《礼记·礼运》）

第二编

社会篇

自 由

释 义

古今中外，人们都在追求自由的道路上不断前行。国家、民族、个人，只有保持对自由的热爱，才能独立于世界。“生命诚可贵，爱情价更高。若为自由故，两者皆可抛。”匈牙利著名诗人裴多菲的这首诗，写出了人们对自由追求那种执着和义无反顾的精神。在轰轰烈烈的资产阶级革命时代，许多进步的自由思想和理论经由洛克、伏尔泰、孟德斯鸠、卢梭等启蒙思想家提出，“自由、平等、博爱”的口号激励了一代代的先进分子为之奋斗牺牲，也激励了无产阶级革命先驱投身人类解放的伟大事业。

需要辨明的是，以“自由、平等、博爱”为核心的资产阶级意识形态，并不是代表整个人类社会普遍利益的“普世价值”。马克思曾一针见血地指出，它把这些价值理念中现实的个人利益说成了普遍利益。正是在批判继承的基础上，马克思、恩格斯在描绘人类历史的发展轨迹时，指出了从必然世界走向自由世界的总的历史趋势。

从哲学层面来说，自由是作为主体的人在实践中将自身的意志、思想、情感自觉运用于客观对象之上，由此体现人的自由；从政治学层面来说，自由意味着国家赋予公民各种各样的权利，既有个人自行选择的权利，又有不损害他人和社会利益的责任与义务。

卢梭说：“人是生而自由的，但无处不在枷锁之中。”人要的自由是有序的自由，而不是无序的自由，人要的自由是公共的自由，而不是狭隘的自由。无序自由所带来的严重后果，通常会限制更多自由。试想在一堂课上，如果大家都各抒己见，侃侃而谈，全然不顾讨论的秩序、方式或时间等，那么众声喧哗的结果，实际上是对言论自由的践踏。制度、秩序、规范、法律等种种看似限制人自由的东西，却是给予大多数人自由的保证。因此，权利和自由的行使要遵循一定的规范，否则自由将成为泡影。

社会主义自由的内涵就是要保障每个个体都有生存和发展自由。作为一种社会理想和现实的社会运动，社会主义是对资本主义社会普遍存在的奴役、剥削和压迫等不自由现象的反抗，是追求自由的伟大事业。恩格斯说过："这种制度（即社会主义制度）将给所有的人提供健康而有益的工作，给所有的人提供充裕的物质生活和闲暇时间，给所有的人提供真正的充分的自由。"

自由的价值理念一直是中国共产党和中国人民所崇尚、珍视和追求的目标。在新民主主义革命时期，许多革命烈士抛头颅、洒热血，进行了28年艰苦卓绝的斗争，就是为了"把中国变为独立自由的新中国"，让"人间遍种自由花"。他们留下了许多关于自由的豪言壮语和动人诗篇，甚至身体力行为了自由，抛却生命与爱情。

新中国成立后，中国人民走上了追求自由和权利的新阶段。毛泽东曾指出："我们的国家之所以能够关心到每一个公民的自由和权利，当然是由我国的国家制度和社会制度来决定的。任何资本主义国家的人民群众，都没有也不可能有我国人民这样广泛的个人自由。"《中华人民共和国宪法》明确保障我国公民的选举权和被选举权，言论、出版、集会、结社、游行、示威等政治权利和自由以及宗教信仰自由等其他一系列社会、经济、文化领域的权利和自由。

自由是中国特色社会主义的基本要义，是中国梦的核心意蕴。这一本质在当代中国的实现形式，就是每个人从人和物的依附关系或人的依赖中解放出来，确立独立人格。

自由的实践基础是解放和发展生产力。只有生产力发展了，才能为人类的自由生存和发展提供物质条件。促进自由的实现，除了社会条件的不断完善，也需要全体人民提高觉悟和素质。在培育和践行社会主义核心价值观方面，既要理直气壮、旗帜鲜明地倡导自由，又必须从我国的基本国情出发，让倡导自由和追求自由与我国现阶段的发展状况相适应，与生产力水平相适应，与生产关系变革相适应。

在社会物质条件改善、精神文明提高的同时，从建立制度保障、推进法制建设、加强公民意识教育宣传等方面入手，尽力而为，量力而行，保证公民自由和权利得到尊重和保护，又保证公民自觉依法行使权利和自由。

/名 言/

己所不欲，勿施于人。

——〔春秋〕孔子

身贵自由，国贵自主。

——〔近代〕严复

吾未见其民之不自由者，其国可以自由也；其民之无权者，其国之可以有权也。

——〔近代〕严复

天下无纯粹之自由，亦无纯粹之不自由。

——〔近代〕章炳麟

思想自由，兼容并包。

——〔近代〕蔡元培

自由固不是钱所能买到的，但能够为钱而卖掉。

——〔现代〕鲁迅

立脚点上求平等，于出头处谋自由。

——〔现代〕陶行知

独立之精神，自由之思想。

——〔现代〕陈寅恪

人类的历史，就是一个不断地从必然王国向自由王国发展的历史。

——〔现代〕毛泽东

我不赞同你说的每一句话，但是我誓死捍卫你讲话的权利。

——〔法〕伏尔泰

自由是做法律所许可的一切事情的权利。

——〔法〕孟德斯鸠

自由即有权做一切无害于他人的任何事情。

——法国《人权宣言》

自由是对必然的认识。

——〔德〕黑格尔

不自由，毋宁死。

——〔美〕亨利

自由的目的是为他人创造自由。

——〔美〕马拉默德

自由只存在于束缚之中，没有堤岸，哪来江河？

——〔美〕金斯伯格

自由之于人类，就像亮光之于眼睛，空气之于肺腑，爱情之于心灵。

——〔美〕英格索尔

思想的自由就是最高的独立。

——〔美〕费斯克

自由向来是一切财富中最昂贵的财富。

——〔法〕罗曼·罗兰

自由是一种教义，一种公理。

——〔俄罗斯〕布宁

自由是上帝赐给人类的最大的幸福之一。

——〔西班牙〕塞万提斯

自由意味着责任。

——〔法〕萧伯纳

自由不在于幻想中摆脱自然规律而独立，而在于认识这些规律，从而能够有计划地使自然规律为一定的目的服务。

——〔德〕恩格斯

生命诚可贵，爱情价更高。若为自由故，两者皆可抛。

——〔匈牙利〕裴多菲

/故 事/

严复：自由为体，民主为用

严复，福建侯官（今福州市）人，清末极具影响的资产阶级启蒙思想家、翻译家和教育家，中国近代史上向西方国家寻找真理的“先进的中国人”之一。

1877年，23岁的严复公派到英国留学，主学海军军事课程。留学期间，他接触到了西方当时最流行的政治学说和社会思想，这些都与他之前受到的封建教育很不一样。

两次鸦片战争后，清朝受到严重打击，一些爱国志士开始寻找新的治国方略。他们意识到要想救国图强，必须学习西方文化。第二次鸦片战争后，在曾国藩、李鸿章等人的领导下，清朝掀起了轰轰烈烈的洋务运动。但是，由于洋务运动始终坚持“中学为体，西学为用”，主要还是为了维持封建王朝的专制统治，最终没能使中国富强起来。

在这样的背景下，严复提出了“以自由为体，以民主为用”的口号。他认为，中国之所以落后于西方，主要在于中西方对待“自由”的态度上。“西士计其民幸福，莫不以自由为唯一无二之宗旨。试读欧洲历史，观数百年百余年暴君之压制，贵族之侵凌，诚非力争自由不可。”

严复像

在严复看来，对于一个国家的民众来说，自由才是最重要的。他这样表述自由的重要性："夫自由一言，真中国历古圣贤之所深畏而从未尝立以为教者也。彼西人之言曰：唯天生民，各具赋畀，得自由者乃为全受。故人人各得自由，国国各得自由，第务令毋相侵损而已。侵人自由者，斯为逆天理，贼人道。其杀人伤人及盗人财物，皆侵人自由之极致也。故侵人自由，虽国君不能，而其刑禁章条要皆为此设耳。"很显然，严复将自由视为神圣不可侵犯的人权。并且，他还表示："故今日之治，莫贵乎崇尚自繇，自繇则物各得其自致，而天择之用存其最宜，太平之盛，可不期而自至。"可见，严复已经把自由看作是实现太平盛世的先决条件。

严复并不是孤立地强调自由，还将其与民主联系在一起思考。严复觉得，民主是自由的产物，而自由的全面发展则是民主的目的所在。自由程度的高低可以衡量和检验民主。民主的真实在于一个国家的公民人人都得自由。在严复眼中，一个社会如果连基本的自由人权都无法保障，那么即使政府如何宣传其民主性也是枉然，最终只能走向民主的反面——专制而已。

严复指出："中国自秦以来，无所谓天下也，无所谓国也，皆家而已。一姓之兴则亿兆为之臣妾，其兴也，此一家之兴也，其亡也，此一家之亡也。天子之一身兼宪法、国家、王者三大物，其家亡则一切与之俱亡。"他觉得，国与百姓之间像这样"一荣俱荣，一毁俱毁"，正是中国几千年来封建专制的体现。在这样的统治下，国家手握百姓的生杀大权，紧紧掌控社会的经济资源，人民很难有自我发展的条件。因此，专制是自由的天敌。

严复追求的自由是以"国家自由"为前提的。他说："特观吾国今处之形，则小己之自由尚非所急，而所以祛异族之侵横，求有立于天地之间，斯真刻不容缓之事。"国民要追求自由，那么至少国家是处于独立状态。在严复所处的时代，我国已逐渐沦为半殖民地半封建社会。国不独立，何谈个人自由！所以严复提出："故所急者，乃国群自由，非小己自由也"。只有国家独立了，我们才能追求个人独立。

黄花岗：七十二烈士的自由与热血

1911年，孙中山领导的同盟会为推翻清政府的封建统治，在广州发动了武装起义。然而，这次起义以失败告终，一百余位同盟会骨干会员牺牲，陈尸于街头，没有一个人敢上前收拾那些革命者的遗体。后来，同盟会会员潘达微冒着杀头的危险收殓了72具遗骸，葬在红花岗。潘达微觉得，“红花”不及“黄花”二字雄浑优美，于是在一篇文章中将“红花岗”改为“黄花岗”，没想到得到了广大民众的支持，一直使用至今。

1918年，为了纪念在这次起义中殉难的烈士，一些爱国人士和海外华侨在广东省革命政府的主持下，共同捐资修建了黄花岗烈士陵园。1921年，在陵园内建立了七十二烈士墓。这座陵园布局庄严雄伟，既有中国传统建筑特色，又具埃及和西方古典建筑风格。在七十二烈士墓建成后不久，纪功坊也随之竣工。纪功坊位于烈士墓的后面，由前后各72块青石叠成崇山形，象征72烈士，

黄花岗七十二烈士墓园

每块青石上分别刻有当时国民党海外各地支部名称和个人的名字。石堆顶上建了一座自由女神像，意在为建立自由平等国家而奋斗。

这座自由女神像高3.4米，造型上有点像巴黎和纽约的自由女神像，但是糅合了中国女性的特点与气质，具有中国韵味。

在自由女神像变成如今的样子之前，她历经沧桑。最初的自由女神像约有两米多高，左手挟书，右手举槌。外形略似一扁圆形石块，雕工不算精美，身上只有几条粗线条的花纹。1936年西安事变后，蒋介石下令拆毁自由女神像，改为“青天白日”的“党徽”。

1949年后，共产党将黄花岗陵墓的“青天白日党徽”去掉，重新建立起自由女神像。“文化大革命”期间，自由女神像再次被摧毁，换成了一支两米多高的火炬。直到1981年，在政府的支持下，自由女神像“重现人间”，左手挟法律书，右手高擎火炬，一直保持到今天。

1961年，作为近代革命策源地的重要见证，黄花岗烈士陵园成为全国第一批重点文物保护单位，成为重点保护单位。将摧毁的自由女神像不断重建，不仅是因为它的建筑风格罕见，更重要的还是黄花岗烈士陵园所赋予的意义——纪念、提醒。它纪念的是那些为了国家民主和自由牺牲的烈士；提醒的是我等后辈，不要忘了对民主和自由的追求。

从黄花岗起义到今天，已经一百多年了。在这一百多年之间，无数的革命先辈、中华儿女为了中国的自由、独立、富强的前途前赴后继、流血牺牲。

如今，黄花岗七十二烈士陵园每天都会有成百上千的人慕名前来瞻仰。游客们在那里缅怀众烈士，体悟今天的生活来之不易，激励为明天的目标而奋斗。

自由花：陈毅的革命理想与幸福向往

位于江西大余县、广东南雄县交界处的梅岭，因贯通内地与岭南交通的古驿道，推进岭南经济、文化发展而闻名遐迩，更因为陈毅的《梅岭三章》而令人神往。关于梅岭与《梅岭三章》，这里有许多故事。

1934年10月，中央红军主力长征后，为了迷惑牵制国民党部队，中央命令当时伤势严重、不宜远行的陈毅率领众战士转战赣粤交界地区。在转战的过程中，他们遭到了国民党部队的疯狂反扑。国民党军采取碉堡围困、经济封锁、移民并村、保甲连坐等严酷的手段，反复“清剿”游击区。项英和陈毅面对敌人围剿的险恶处境，决定部队分九路突围。经过艰苦卓绝的转战，陈毅等人于1935年来到梅岭。

梅岭号称“千山转不尽，十里万重山”，这里的树木遮天蔽日，山中有洞，洞洞相连，非常有利于部队的隐蔽。陈毅他们在这里度过了三年的游击生活，如他自己所说，这三年是他二十年所经历的革命斗争中最艰苦、最困难的阶段。

在梅岭居无定所，风餐露宿，条件的艰苦不是一般人能承受的。一到春季，那里便天天下雨，他们只能几个人撑着一把伞，在树底下背靠背坐着睡觉。夜间，虫蚊叮咬更是常事。冬天，是他们最难熬的季节。在凛冽的寒风与冰雪的侵袭下，他们没有御寒的棉衣和被子，有些人只能穿背心和短裤，晚上只能多人合盖一张薄毯。在食物方面，由于敌人封锁严密，断粮是常有的事。大部分的时间里，他们只能靠野菜野果充饥。就是在这样恶劣的环境里，他们竟然度过了一千多个日夜。

然而，在这样的条件下，他们还得时时刻刻警惕国民党的“日夜围剿”。为此，陈毅制定了秘密原则：“生火做饭不出烟，以免被敌人发现；不出响声，说话小声；进出不留脚印，走小路，走荒地；无直接工作关系绝对不往来。”

1936年冬，陈毅的旧部下陈海叛变，他利用自己的特殊身份，诱骗陈毅等同志下山。陈毅不知陈海已叛变，一大早就来到县城，他们在距离交通站只有三四十米远时发现了危险，最后在一名妇女的帮助下撤回梅岭，潜伏在莽丛间

20多天。敌人搜捕不到，恼羞成怒便放火烧山。因为担心不能脱险，陈毅在危险关头写下了《梅岭三章》：

一

断头今日意如何？
创业艰难百战多。
此去泉台招旧部，
旌旗十万斩阎罗。

二

南国烽烟正十年，
此头须向国门悬。
后死诸君多努力，
捷报飞来当纸钱。

三

投身革命即为家，
血雨腥风应有涯。
取义成仁今日事，
人间遍种自由花。

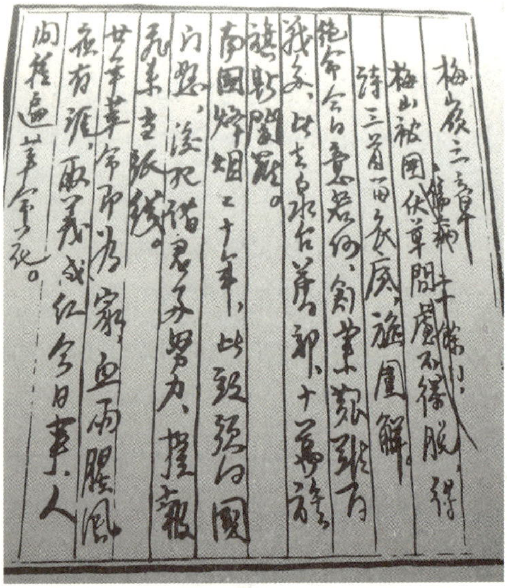

陈毅《梅岭三章》手稿

什么是自由？人们习惯把自由与个人的“人生自由”“个性解放”联系在一起，这是一种“小我”的自由。在陈毅的身上，自由就是革命的胜利、人民的解放。他把自由提高到了“全中国人民”这个“大我”的层次，为了换取天下人的自由，他选择牺牲个体的自由。但是，不管是“小我”的自由，还是“大我”的自由，都是值得我们努力追求的！

叶挺：穿越牢笼的自由向往

透过白公馆渣滓洞锈迹斑斑的铁窗，可以看到一个男子端坐在阴冷潮湿的囚室内。他来到这个囚房，已经很久了。这是第几次转移“阵地”，他已记不清。没有人告诉他什么时候可以出去，也没有人可以探望他。长期在无光的环境中，他的皮肤变得惨白，可是他的眼睛却透露出坚定的光芒。他就是新四军军长——叶挺。

1941年，皖南事变后，叶挺遭到国民党无端扣留。国民党当局对他威逼利诱。他们举行了一场宴会，借此诱骗叶挺投降。宴会当天，国民党第三战区司令顾祝同派了一辆豪华的小轿车，把叶挺接到司令部参加宴会。

宴会开始后，顾祝同向叶挺敬酒，劝叶挺在中外媒体面前发表宣言，声明新四军违反了军令，只要这样做了就可以出狱，甚至可以做官。可是，他们失算了。叶挺并没有任何“阶下囚”的胆怯，却表示出“头可断，血可流，志不可屈”的凛然。

由于叶挺的强硬态度，等待他的是长达五年的囚禁生涯。叶挺先后被囚禁于江西上饶、湖北恩施、广西桂林等地，最后被押到“中美特种技术合作所”集中营，受尽折磨和迫害。

叶挺画像

身为一名将军，不能驰骋抗日战场，不能带领战士们冲锋陷阵，却被囚禁于此，还经常被逼写什么声明和宣言，叶挺悲愤交加，于是拿起笔在囚室的墙壁上写下了《囚歌》：

为人进出的门紧锁着，

为狗爬出的洞敞开着，
一个声音高叫着：
爬出来呵，给你自由！
我渴望着自由，
但也深知到——
人的躯体哪能由狗的洞子爬出！
我只能期待着那一天——
地下的火冲腾，
把这活棺材和我一齐烧掉，
我应该在烈火和热血中得到永生。

这首诗通篇白话，明白易懂，但感情炽烈，可以感受到诗人的真情流露。郭沫若评价这首诗“是用生命和热血写成的”。

他在诗里面呐喊：我渴望自由！可是，若只能以出卖党来委曲求全换取自由，这种没有气节、没有尊严的自由，不要也罢！于是，他在诗里面又高调地拒绝着自由。对于他来说，真正的自由，是精神上的自由。他宁可放弃身体的自由，实际上正是实现了他保卫党和国家的精神自由。

自由，有个人与国家之分，也有身体和精神之分。有的人为了个人自由，弃国家自由于不顾；有的人为了国家自由，可以不顾家人安危；有的人为了身体自由，可以出卖自己的心；有的人为了追求精神自由，不惜毁灭身体带来的束缚……不管是哪种自由，都有人可以不顾一切地追求。很显然，叶挺牺牲了他的个人自由，选择了国家自由；虽然他失去了身体的自由，可闭塞的牢笼却丝毫不能拦阻他的精神自由。

陈寅恪：堪比生命的自由精神

陈寅恪，作为中国著名的史学家，后人倾力研究的对象，不仅是因为他渊博的学识和悲情的经历，还因为他秉持学术自由的独特学品。

陈寅恪的学术自由观最初体现在《清华大学王观堂先生纪念碑铭》里。1929年，在王国维投水自沉两周年后所立的纪念碑上，陈寅恪写下了《清华大学王观堂先生纪念碑铭》。

在这篇碑铭中，陈寅恪第一次提出 “独立精神” “自由思想”。他认为士子只有脱掉“俗谛之桎梏”，思想才能得以自由，精神才能独立起来，真理也就能发挥出来。而王国维正是为了表明其独立自由的意志才自杀，他的死无关乎任何私人恩怨。

在他看来，学说可以有错误，可以商量改正，因为那些都不是最重要的。在他眼中，“惟此独立之精神，自由之思想，历千万祀，与天壤而同久，共三光而永光”。

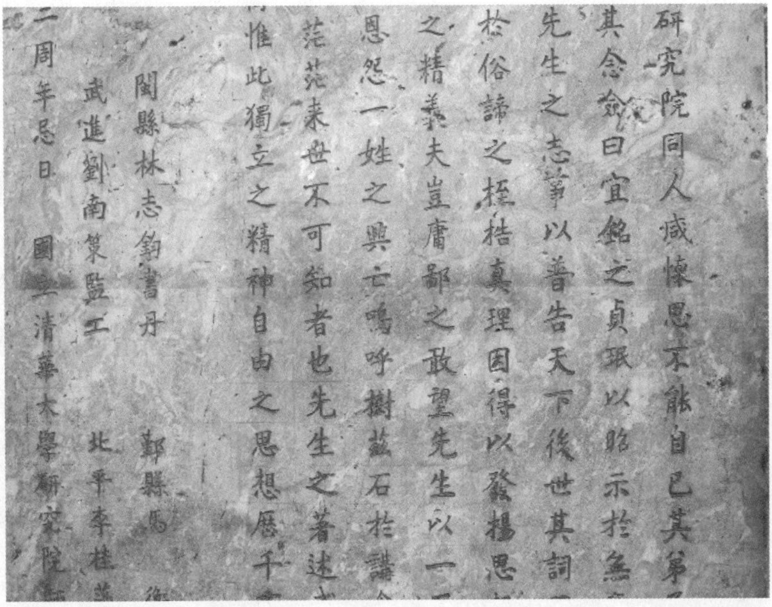

刻有“独立之精神，自由之思想”的纪念碑

陈寅恪的学术自由观不是纸上谈兵，而是身体力行，用自己的亲身行为证明了自己的这个观念。

1953年，中共中央决定设立历史研究委员会。不久，毛泽东又提议在中国科学院增设三个研究所——远古史研究所、中古史研究所、近代史研究所，并且任命郭沫若、陈寅恪、范文澜分别为这三个研究所的所长。委任状下达后，陈寅恪无动于衷。当时有许多人都来游说陈寅恪，其中就包括陈寅恪最喜爱的弟子、时任北大历史学副教授汪篯。当时汪篯可是有备而来的，他带来两封特别的信，一封来自中国科学院院长郭沫若，还有一封来自副院长李四光。可是，这两封重量级的信丝毫没有改变陈寅恪的决定。

王国维先生纪念碑

在《对科学院的答复》一文中，陈寅恪再次提到“精神独立”“思想自由”。他对汪篯这样说：“我认为研究学术，最主要的是要具有自由的意志和独立的精神。”若没有自由的思想、独立的精神，则无法进行学术研究。在他看来，一切都是小事，唯有这才是大事。所以，他断然地拒绝了“中古史研究所所长”的任命。因为他觉得，一旦成为研究所所长，难免受到意识形态的影响，而这正是他所指的“桎梏”。

为了学术的自由，陈寅恪没有妥协来明哲保身。如他所说“独立精神和自由意志是必须争取的，且须以生死力争”，他做到了。也正是他的这份坚持和坚定，他才能够在晚年双目失明的状况下，仍留下了那么多学术力作。

/链 接/

中国的宗教信仰自由

中国政府历来尊重和保护公民在宗教信仰上的自由选择，实行宗教信仰自由的政策，并给予法律上的保障。1949年9月，第一届中国人民政治协商会议通过的《共同纲领》第五条明确规定：中华人民共和国公民有宗教信仰自由的权利。以后这一权利写进了历届全国人民代表大会通过的共和国宪法中。1982年，第五届全国人民代表大会通过新宪法，其中第三十六条规定：

中华人民共和国公民有宗教信仰自由。

任何国家机关、社会团体和个人不得强制公民信仰宗教或者不信仰宗教，不得歧视信仰宗教的公民和不信仰宗教的公民。

国家保护正常的宗教活动。任何人不得利用宗教进行破坏社会秩序、损害公民身体健康、妨碍国家教育制度的活动。

宗教团体和宗教事务不受外国势力的支配。

除《宪法》外，在我国的《刑法》《民法通则》《民族区域自治法》《兵役法》《义务教育法》《人民代表大会选举法》《村民委员会组织法》中，都有关于保护公民宗教信仰自由，不得歧视信仰宗教或者不信仰宗教公民的相应条文。

马克思论自由

自由确实是人的本质，因此就连自由的反对者在反对自由的现实的同时也实现着自由；因此，他们想把曾被他们当作人类本性的装饰品而摒弃了的东西攫取过来，作为自己最珍贵的装饰品。

没有一个人反对自由，如果有的话，最多也只是反对别人的自由。可见，各种自由向来都是存在的，不过有时表现为特殊的权利，有时表现为普遍的权利而已。

（摘自马克思《评普鲁士最近的书报检查令》）

平 等

释 义

从秦末陈胜吴广“王侯将相，宁有种乎？”的呐喊到唐末黄巢的“天补均平”主张，从北宋初年王小波、李顺“等贵贱，均贫富”的口号到晚清太平天国领袖洪秀全提出的“有田同耕，有饭同食，有衣同穿，有钱同使，无处不均匀，无处不饱暖”的社会纲领——在我国古代农民起义的著名口号中，就有不少是关于“平等”的呼吁与倡导。中国的农民革命为什么喜欢打“平等牌”？这显然是因为阶级社会中普罗大众与生俱来对平等的渴求。旧时社会的不平等现象，从至今盛传众口的古诗中仍可见一斑：“朱门酒肉臭，路有冻死骨”“四海无闲田，农夫犹饿死”“十指不沾泥，鳞鳞居大厦”“遍身罗绮者，不是养蚕人”。

平等是衡量人类文明进步的重要标准，也是人类向往的理想价值。平等思想作为构建理想社会的基本价值取向和原则，在人类思想史上可谓源远流长。儒家、道家、墨家等都有自己的平等思想。孔子很早就提出了“不患寡而患不均”的著名论断，这主要是从经济层面上来说，强调平等分配财物。他还提出“泛爱众”，认为要同等爱人，而“有教无类”则体现了教育平等的思想。

需要指出的是，在生产力十分落后的农耕社会，农民阶级的平等价值追求，都带有浓厚的平均主义色彩。而平等不是绝对的平均。平均与差异相对，强调分配时每个人得到均等的份额，而平等则强调每个人拥有平等的权利和机会，并在分配时用平等的尺度进行衡量。

“平等”一词，在社会领域是指人们在政治、经济、法律、社会等方面具有相等的地位，拥有相等的权利，享有相等的待遇，还包括权利平等、机会平等、身份平等、资源平等等内容。

近代以来，西方资产阶级启蒙思想家赋予平等更加深刻的逻辑内涵，从而使平等成为资产阶级反对封建专制制度革命的最有号召力和动员力的价值理念。法国启蒙思想家卢梭指出：社会平等实质上是权利平等。法国哲学家托克维尔经过深入考察，认为平等产生于自由之前，没有追求平等的激情，就不可能实现自由。美国资产阶级革命领袖杰弗逊强调：“所有的人都是生而平等和独立的。”法国《人权宣言》宣布：“法治社会贯穿最基本的原则就是人人平等。”《世界人权宣言》强调：“人人生而自由”“在尊严和权利上一律平等”……总之，平等在资产阶级启蒙运动和民主革命中具有特殊的价值意义，不啻是近代社会变革与发展的力量源泉和根本动力。

平等一直是中国共产党领导中国革命和建设的核心价值理念。1927年的三湾改编，就确立了军队内部的民主，建立了官兵平等制度。朱德的扁担、毛主席只用一根灯芯的故事至今为人所传颂。新中国成立之后，平等的价值理念贯穿于国家和社会建设的方方面面，“男女平等”“各民族一律平等”“法律面前人人平等”等价值理念和追求始终是国家、社会和民众的根本追求。

社会主义核心价值观所倡导的平等，既不同于古代先哲的平等思想，也不同于近代启蒙意义上的资产阶级平等，而是要求消灭阶级本身，消灭由阶级所造成的一切剥削与不平等。我们不能重蹈“不患寡而患不均”的绝对平均主义，也不能照搬西方资本主义社会的平等观，而是要创造与中国特色社会主义伟大事业相适应，有利于调动广大社会成员积极性，能给广大人民带来更多机会与利益的平等价值观。

党的十八大提出，“努力营造公平的社会环境，保证人民平等参与、平等发展权利”。习近平总书记号召人们为实现中国梦而努力奋斗，他说，中国人民共同享有人生出彩的机会，共同享有梦想成真的机会，共同享有同祖国和时代一起成长和进步的机会。

/名 言/

不患寡而患不均，不患贫而患不安。

——《论语》

四海之内皆兄弟。

——《论语》

兼相爱，交相利。

——〔战国〕墨翟

官无常贵而民无终贱。有能则举之，无能则下之。

——〔战国〕墨翟

所谓壹刑者，刑无等级。

——〔战国〕商鞅

人人皆可为尧舜。

——〔战国〕孟轲

均贫富，等贵贱。

——〔南宋〕钟相

百姓之性与圣人之性弗差矣。

——〔明〕李贽

人无贵贱。人之生也，无不同也。

——〔清〕唐甄

有田同耕，有饭同食，有衣同穿，有钱同使，无处不均匀，无人不饱暖也。

——〔近代〕洪秀全

人人相亲，人人平等，天下为公，是谓大同。

——〔近代〕康有为

人类平等是几何公理。但人立之法，万不能用，惟以平等之意，用之可矣。

——〔近代〕康有为

西洋所谓法治国者，其最大之精神，乃为法律之前，人人平等，绝无尊卑贵贱之殊。

——〔现代〕陈独秀

所谓平等，就是穷人不占富人的便宜。

——〔古希腊〕亚里士多德

有平等就不会有战争。

——〔古希腊〕梭伦

平等是人在实践领域中对自身的意识，也就是人意识到别人是和自己平等的人，人把别人当作和自己平等的人来对待，其范围涉及法律待遇的平等，机会的平等，以及人类基本需要的平等。

——〔德〕马克思

无产阶级平等要求的实际内容都是消灭阶级的要求。任何超出这个范围的平等要求，都必然要流于荒谬。

——〔德〕恩格斯

人人生而平等。

——美国《独立宣言》

对一个有优越才能的人来说，懂得平等待人，是最伟大、最正直的品质。

——〔爱尔兰〕理查德·斯蒂尔

/故　事/

王子犯法与庶民同罪

在《史记·商君列传》中记载着这么一段话：令行于民期年，秦民之国都言初令之不便者以千数。于是太子犯法。卫鞅曰："法之不行，自上犯之。"将法太子。太子，君嗣也，不可施刑，刑其傅公子虔，黥其师公孙贾。

这段话传递出的信息，是此前少有的"王子犯法与庶民同罪"。

秦孝公即位时，秦国的井田制即将瓦解，部分地区也实行了土地私有制，但远不如其他六国。商鞅劝秦孝公彻底废除井田制，重视农业和桑业，对有军功之人进行奖赏，实行统一的度量单位等。这些策略得到秦孝公的认可，因而商鞅得到了秦孝公的重用。在公元前356年和公元前350年，商鞅先后两次实行以"废井田，开阡陌，实行郡县制，奖励耕织和战斗，实行连坐之法"为主要内容的变法。

变法在民间推行了一年，但是并没有得到百姓的认可，许多人纷纷反映新法如何如何不方便。而且，新法的实行损害了一些守旧贵族的利益，他们经常鼓动一些人起哄，来反对新法。正当变法处境维艰时，年幼的太子也受到守旧贵族的挑唆，触犯了新法。商鞅对秦孝公说："新法不能普遍地推行，是因为上层阶级的王公贵族带头不遵守新法，导致百姓也就不当回事。今天，既然太子犯了法，当然不能就此纵容。否则，新法何来威信！"但是，太子

商鞅力辩众人，维护新法

是王位的继承人，将来的国君，不能有损他的威严，也就不能对太子施加刑法。商鞅考虑到这个，便对秦孝公表示，既然不能惩罚太子，只好由太子的监护人代替。于是，商鞅惩罚了太子的两个师傅，对他们实施了肉刑。

连太子犯法都要受罚，那还有谁敢不守法！不管你家庭背景多么强硬，也强不过太子吧。商鞅要的就是这种效果，他借此告诉秦国百姓：法律面前人人平等。有了太子的前车之鉴，从此，秦国百姓中无视新法规定的行为日渐减少。

商鞅变法中的这个插曲体现出商鞅的“平等”意识。新法的推行，往往是为了统治阶级巩固自己的统治地位。但若统治者为了自己的阶级利益，无法做到“法律面前人人平等”，那么“法”无疑就变成了压迫百姓的工具。

从古至今，各朝各代都遵循着“法律面前人人平等”这句训戒，都会通过一些手段来保障人民某方面的平等。在许多电视剧里面，我们也可以看到“王子犯法与庶民同罪”的情节，虽然多有虚构，但是至少可以说明，不管是古人还是现代人，大家都有着人人平等的意愿，都在追求人人平等的社会。

奴婢亦人子

《德育古鉴·罗氏训子》中有这样一段记载：

杨诚斋（即南宋诗人杨万里）夫人罗氏，年七十余。每寒月，黎明即起诣厨。躬作粥一釜，遍享奴婢，然后使之服役。

其子东山启曰："天寒，何自苦如此？"

夫人曰："奴婢亦人子也。清晨寒冷，须使其腹中略有火气，乃堪服役耳。"

东山曰："夫人老。且贱事，何倒行而逆施乎？"

夫人怒曰："我自乐此，不知寒也。汝为此言，必不能如吾矣。"

翻译为白话文就是：南宋诗人杨万里的妻子罗氏已七十多岁，寒冬腊月，黎明即起，亲至厨房煮一锅粥让奴婢们吃饱，然后安排劳作。她的儿子杨东山就对母亲说："天气这么冷，何苦要这般劳累呢？"罗氏温和回道："奴婢也是他人的子女呀，清早寒冷，喝点热粥让他们身体有些暖气，才能担负起服役的职责呀。"东山说："母亲老了，况且这等卑贱之事，何必还要反过来为他们做呢？"母亲听后，怒斥道："我自己愿意这么做，也就不觉得冷了。你说出这样的话来，一定是不会像我这样做的！"

杨万里像

罗氏一家在南宋是官宦之家，杨万里又是位自成一家的大诗人。而其妻罗氏竟然能为奴婢们辛劳，体恤他们严冬体寒，说出"奴婢亦人子"的论断来。其子杨东山是一位清官，显然与母亲对其的教育分不开。罗氏言传身教，无非是想让儿子知道，治家与施政同理，当官的更要懂得官民平等，善待百姓，体恤下情。

一个"亦"字，包含了多少让人感动和

酸楚的内涵。在那个等级分明的时代，奴婢地位低下，大抵终身无法改变，一辈子辛苦服侍他人。而最不平等的，是他们大部分人，一生都并不知道“平等”的存在，并不知道同为人的权利和追求“平等”的可能。

跳出当时道德意识和社会等级的偏见，说一句“奴婢也是别人家的子女”，这在南宋，可说是颇具超前性，蕴含着朴素的平等思想，即使是在提倡“人人生而平等”的今天，也是难能可贵的。管理阶层的人与劳动阶层虽然不再是封建社会里的等级的差别，但也很难说是绝对平等的，不管是在工资还是社会地位上。在大众的意识里，其实还是“杨东山式思维”，根本想不到“奴婢”也是他人的孩子，每个人生下来都是一样的。

不管是教育、社会地位、生存条件等各个方面，平等都是至上的追求。无论身处哪个时代，我们都应有人人平等的意识。

因不同时代、国家、种族、年龄，对平等的理解各有不同，共通的感受却是能超越一切的。文明发展的今天，我们怀着平等的愿望，去无限追求平等。新时代下，这是“奴婢亦人子”的新的意义。

巾帼办报倡平等

秋瑾是我国近代女民主革命志士，也是提倡男女平等，倡导妇女解放运动的第一批“战斗者”。

1900年，秋瑾随买了官职的丈夫王廷钧前往北京上任。不久，八国联军侵华，北京一片动乱，秋瑾夫妇便回到家乡。1903年，王廷钧回京复职，秋瑾也跟随进京。重回北京，看着被八国联军践踏过后惨不忍睹的北京，看着在风雨中飘摇的民族，秋瑾感到一股深深的危机感。其时，新思潮源源不断地涌入，秋瑾在报纸、书上接受了新知识的熏陶，还结识了新学之士，原先受压抑潜藏的渴望与个性，迅速被激活放大。

1904年，秋瑾冲破家庭的种种束缚，自费留学日本。在日本，秋瑾积极参加各种革命活动，并且发表“男女平等”的演说，还与陈撷芬发起“共爱会”，作为开展妇女运动的团体。她还创办《白话报》，以“鉴湖女侠秋瑾”为名发表多篇文章，宣传反清革命，提倡男女平权。

从日本归国后，秋瑾结识了孙中山。孙中山勉励她利用自己的特长，创造、运用宣传工具进行革命运动。当时宣扬女性解放的报刊有很多，但存时很短，影响不广，秋瑾决定创办一份白话文报刊。

1907年1月14日，由秋瑾创办的《中国女报》在上海创刊，以“开通风气，提倡女学，联感情，结团体，并为他日创设中国妇人协会之基础”为宗旨，以通俗易懂的文字鼓吹妇女解放，倡导男女平等，中国的妇女应走向

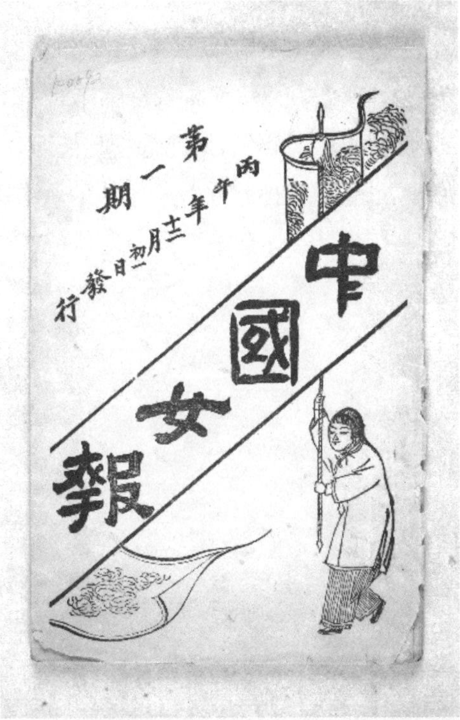

第一期《中国女报》

社会。在《发刊辞》中，秋瑾指出："吾今欲结二万万大团体于一致，通全国女界声息于朝夕，为女界之总机关，使我女子生机活泼，精神奋飞，绝尘而奔，以速进于大光明世界，为醒狮之前躯，为文明之先导，为迷津筏，为暗室灯，使我中国女界放一光明灿烂之异彩。"

在秋瑾看来，妇女解放、男女平等的根本在于妇女自己。首先，妇女要自主，摆脱对男子的依赖，自己掌握自己的命运；其次，妇女要多学艺，掌握技能以实现经济独立；最后，妇女要建立自己的团体。但是，要做到这些，势必会与封建家庭决裂。因此，秋瑾号召广大妇女投身革命运动，在民主革命运动中实现妇女解放。

《中国女报》为月刊，每期约60页，设有论说、演坛、译编、传记、小说、文苑、新闻和调查等栏目，大部分稿件都出自秋瑾之手。其中有著名的《感时》、自传体长篇弹词《精卫石》等，都表现出女性意识的觉醒，引起了极大反响。《中国女报》还曾编一首《勉女权》歌："吾辈爱自由，勉励自由一杯酒。男女平权天赋就，岂甘居牛后。"该报还反对缠足，大力提倡女子教育，兴办女子学校，让广大妇女有受教育的权利和机会。

回顾秋瑾短暂的一生，她不光只是呼吁男女平等，更用实际行动来表明自己的立场。秋瑾喜欢穿男式西装和玄色纱长衫，没有当时北方官绅女眷"乘车垂帘深坐"的习俗，而是"首髻而足靴，青布之袍，略无脂粉，雇乘街车，跨车辕坐，与车夫并，手一卷书"。她的种种"怪异"行为，不正是她对传统"男尊女卑"社会定位的抗争，以及与封建社会决裂和女权意识觉醒的体现吗？

左手右手传平等

1959年10月26日，全国30万个社会主义建设先进集体和360多万名先进生产者代表大会在北京人民大会堂举行，群贤毕至，济济一堂，被称为“群英会”。

在会议开幕的第一天，国家主席刘少奇等党和国家领导人亲自接见了参加大会的部分代表。忽然，刘少奇径直走到一位身穿劳动服的工人面前，一把握住对方结满厚茧的手，脱口而出：“你是老时吧！”

被刘少奇称作“老时”的，是北京市崇文区清洁队掏粪工时传祥。因为小时候家里穷，时传祥15岁就从山东老家逃荒到北京城郊，当起了被人瞧不起的掏粪工人。他在旧社会掏了20年大粪，其间受尽了欺凌。新中国成立后，劳动人民成了国家的主人。时传祥以“宁肯一人脏，换来万户净”的精神努力工作，赢得了全社会的尊敬。他加入了中国共产党，并且作为北京市的劳动模范与会。

刘少奇紧紧握着时传祥的手，问他生活得怎么样、工作累不累等。面对刘少奇的真切关怀，时传祥非常激动，回答一切都好。刘少奇亲切地注视着面前的掏粪工人，询问时传祥掏粪工人的学习情况，在得知时传祥还不会写自己的名字时，他鼓励时传祥：“老时啊，一个先进生产者，一个共产党员，光工作好不行，各方面都得好。我们的事业越来越发展，没有文化哪行？我都这么大年纪啦，现在还学习呢！你才45岁，时间还不晚，以后要好好学习，阳历年的时候给我写封信吧。”并且，刘少奇随手从自己的上衣口袋里抽出

刘少奇接见时传祥

一支英雄100号钢笔递到了时传祥手中。

刘少奇和时传祥就像两个好朋友一样在那里聊天，如果把这个画面单独拿出来，谁能看得出他们两个人，一个是国家主席，一个是普通的掏粪工人呢！最后，刘少奇真挚地对时传祥说："老时啊，我们在党的领导下，都要好好地为人民服务。你掏大粪是人民的勤务员，我当主席也是人民的勤务员，这只是革命分工的不同，都是革命事业中不可缺少的一部分。"听到刘少奇的这些话，时传祥热泪盈眶。国家主席竟然对他说这样的话，竟然说自己和他是一样的……

1959年12月26日，新年临近，时传祥提前给刘少奇寄去了一封新年祝福信。收到信时，刘少奇真心地称赞了一句："好老时，有毅力，有气魄嘛！"从此，一个大国的国家主席，一个普通的掏粪工人，结下了真挚而深厚的友谊。

在国家主席刘少奇眼中，不管是他自己还是时传祥，或者任何工人，他们都只是为人民服务的勤务员，都是革命事业中不可缺少的部分。没有职位高低，没有出身贵贱，只要是为人民服务，他们就是一样的。

/链 接/

恩格斯的平等观

一切人，作为人来说，都有某些共同点，在这些共同点所及的范围内，他们是平等的，这样的观念自然是非常古老的。但是现代的平等要求与此完全不同；这种平等要求更应当是从人的这种共同特性中，从人就他们是人而言的这种平等中引申出这样的要求：一切人，或至少是一个国家的一切公民，或一个社会的一切成员，都应当有平等的政治地位和社会地位。

…………

可见，平等的观念，无论以资产阶级的形式出现，还是以无产阶级的形式出现，本身都是一种历史的产物，这一观念的形成，需要一定的历史条件，而这种历史条件本身又以长期的以往的历史为前提。所以，这样的平等观念说它是什么都行，就不能说是永恒的真理。如果它现在对广大公众来说——在这种或那种意义上——是不言而喻的，如果它像马克思所说的，“已经成为国民的牢固的成见”……

（摘自恩格斯《反杜林论》）

天于人无厚也

天于人，无厚也。君于民，无厚也。父于子，无厚也。兄于弟，无厚也。何以言之?

天不能屏勃厉之气，全夭折之人，使为善之民必寿，此于民无厚也。凡民有穿窬为盗者，有诈伪相迷者，皆生于不足，起于贫穷，而君必执法诛之，此于民无厚也。尧舜位为天子，而丹朱商均为布衣，此于子无厚也。周公诛管蔡，此于弟无厚也。推而言之，何厚之有?

（摘自《邓析子·无厚篇》，题为编者所加）

公　正

释　义

看过电影《秋菊打官司》的人应该印象深刻：在中国西北的一个小山村，农民王庆来与村长发生冲突，被村长踢伤。王庆来的妻子秋菊忍不下这口气，找村长理论，村长不肯认错。于是，秋菊带着六个月的身孕，踏上漫长的告状之路。她从乡里告到县里，又从县里告到市里，最终向法院提起了诉讼……该片以纪实的手法，展现了弱势群体为了讨个说法的诸多艰辛，让人们看到一个普通村妇试图用法律维护自身权益、追求公正裁决的不懈努力，并最终在“民告官”中赢得了胜利。

在现代化进程中，公民的公正意识日益加强。而事实上对公正的追求，自古以来就存在于人们的观念之中。

“公正”在《辞源》中的释义是“不偏私，正直”，按《说文》解：“公，平分也。”公正是人类孜孜以求的社会理想，是衡量社会制度安排正当合理与否的重要标准。罗尔斯在《正义论》中指出，正义是社会制度的首要价值，正像真理是思想的首要价值一样。一个社会的公正，应当体现在经济、政治、法律等社会生活的各个领域、各个层次和各个方面。

在我国传统文化精神中，追求公平正义的尚“公”重“义”精神无疑是其中的一个重要组成部分。《尚书》《左传》等典籍中就有“以公灭私”“公家之利，知无不为”的思想，后来的诸子百家对此也有较一致的认识。法家主张“公正为民”“公平无私”，墨家提出“举公义，辟私怨”，儒家倡导“天下为公”“至公无私”“公而忘私”的思想。这种主张克己私以利公，以个人利益服从公共利益，重“公义”“公平”的精神对中华民族群体意识的培养起了相当大的作用。“一视同仁”“童叟无欺”“一碗水端平”等都是至今仍用的涉及机会公平、权利公平、规则公平的俗语。

公正在西方思想文化中也具有深厚的渊源。古希腊时期，柏拉图在《理想国》中首先提出了公平和正义的问题，强调公平即和谐。亚里士多德认为，“公正是最主要的，它比星辰更加光辉”，强调“公正是一切德性的总汇”。文艺复兴以后，公平正义逐渐成为资产阶级的革命口号和价值追求。孟德斯鸠主张通过“三权分立”实现社会公正，卢梭认为公正的社会应该建立在契约关系的基础上。随着资本主义革命的胜利和资本主义制度的日渐成熟，公平正义的价值理念也逐渐成为资产阶级的核心价值。

不同时期，不同群体，对公正的诠释呈现各式各样的形态和内涵。在传统中国，法家强调“养民”，而儒家则强调社会公平。法家相信“仓廪实而知礼节”，就是说没有经济基础，就不会有稳定的社会秩序和道德。而儒家则相信“不患寡而患不均”，就是说贫穷并不可怕，可怕的是经济公平的缺失。这两种看法都是片面之见，把两者结合起来更能反映事物的真实面貌。大量的经验证据证明，在极度贫穷下，就不会产生良好的社会秩序，更遑论良好的社会道德。但是仅仅有经济发展也不行，如果经济发展造成了极度的社会不公平，那么也同样会出现社会秩序问题。

社会主义所倡导的公正理念，与既往的公正理念既有一定的相似和承继之处，更有实质的区别。它不是诉诸抽象的自由和权利，而是基于最广大人民群众根本利益提出的无产阶级公正理念，包含了实行生产资料公有制、实行按劳分配、以共同富裕为目标、坚持人民民主等内容。

党的十八大报告强调：“必须坚持维护社会公平正义。公平正义是中国特色社会主义的内在要求。要在全体人民共同奋斗、经济社会发展的基础上，加紧建设对保障社会公平正义具有重大作用的制度，逐步建立以权利公平、机会公平、规则公平为主要内容的社会保障体系，努力营造公平的社会环境，保证人民平等参与、平等发展权利。”

/名 言/

以公灭私，民其允怀。

——《尚书》

大义灭亲。

——《左传》

大道之行也，天下为公。

——《礼记》

天无私覆，地无私载，日月无私照。

——《礼记》

其身正，不令而行，其身不正，虽令不从。

——《论语》

刑过不避大臣，赏善不遗匹夫。

——〔战国〕韩非

公生明，偏生暗。

——〔战国〕荀况

公道达而私门塞，公义明而私事息。

——〔战国〕荀况

公天下之身，公天下之物，其惟圣人矣。

——《列子》

平出于公，公出于道。

——《吕氏春秋》

昔先圣王之治天下也，必先公，公则天下平矣，平得于公。尝试观于上志，有得天下者众矣，其得之以公，其失之必以偏。

——《吕氏春秋》

国而忘家，公而忘私，利不苟就，害不苟去，唯义所在。

——〔西汉〕贾谊

正直者顺道而行，顺理而言，公平无私。

——〔西汉〕韩婴

公正无私，一言而万民齐。

——《淮南子》

衡之于左右，无私轻重，故可以为平；绳之于内外，无私曲直，故可以为正。

——《淮南子》

公正无私，一言而万民齐。

——《淮南子》

奉公如法则上下平，上下平则国强。

——〔西汉〕司马迁

公之为言，公正无私也。

——〔东汉〕班固

圣人不敢以亲戚之恩而废刑罚，不敢以怨仇之忿而废庆赏。

——〔东汉〕徐干

至公者，天之经也，地之义也，理之要也，人之用也。

——〔三国〕曹羲

有公心必有公道，有公道必有公制。

——〔西晋〕傅玄

有功则赏，有罪则刑。

——〔北宋〕司马光

清心为治本，直道是身谋。

——〔北宋〕包拯

治身莫先于孝，治国莫先于公。

——〔北宋〕苏轼

吏不畏吾严，而畏吾廉；民不服吾能，而服吾公。公则民不敢慢，廉则吏不敢欺。公生明，廉生威。

——〔明〕顾景祥

圣人治天下，公而已。

——〔清〕魏裔介

以天下论者，必循天下之公。

——〔清〕王夫之

惟天至公，不视国之大小，而视事之是非。

——〔清〕王先谦

公与平者，即国之基址也。

——〔近代〕何启

公者无私之谓也，平者无偏之谓也。

——〔近代〕何启

一个人最伤心的事无过于良心的死灭，一个社会最伤心的现象无过于正义的沦亡。

——〔现代〕郭沫若

让我们记住，公正的原则必须贯彻到社会的最底层。

——〔古罗马〕西塞罗

力量来自公正。

——〔美〕林肯

/故 事/

杨震却金：一身正气坦荡荡

杨震，字伯起，弘农华阴（今陕西华阴东）人，东汉时期的名臣。他精通典籍，博览群书，被誉为“关西夫子杨伯起”。为官二十多年，他恪尽职守，秉公办事，始终以“清白吏”为座右铭，严格要求自己，“不受私谒”。

杨震由荆州刺史调任东莱太守，赴任途中经过昌邑（今山东巨野县东南）。昌邑县令王密是杨震任荆州刺史时举茂才提拔的，他听说杨震要经过本地，特地准备了十斤黄金，要报答杨震的恩情。趁着夜深人静的时候，王密将黄金送到杨震的住处。

杨震断然拒绝，严厉地说：“我和你是故交，关系比较密切。我很了解你的为人，而你却不了解我的为人！”王密辩解说：“现在深夜无人知道。”杨震反问：“天知，地知，我知，你知，怎能说无人知道呢！”受到谴责后，王密十分惭愧，只好作罢。

后人将这段故事称为“暮夜却金”，杨震也因此被称为“四知先生”。他律己甚严，从不吃请受贿，也不因私事求人，请客送礼。他的子孙与平民百姓一样，蔬食步行，生活十分简朴。亲朋好友劝他为子孙后代置办些产业，杨震坚决不肯：“让后世人都称他们为‘清白吏’子孙，这样的遗产，难道不丰厚吗？”

杨震像

汉安帝元初四年（117年），杨震被调入朝廷担任太仆，后来升作太常。在他任太常之前，朝廷中博士选举大多名不副实，有许多靠关系进来却没有才能的人。杨震任太常后，严厉整治这种腐败之气。他不管谁和谁是什么关系，没有才能的人他毫不留情地裁掉，有实力的人他就举荐，比如陈留、杨伦等，都是通晓经书、学识过人的名士，能将所从事的本门学业弘扬光大。杨震的这些举动，赢得了许多儒生的赞赏。

延光元年（122年），杨震成为太尉。当时是九卿之一、汉安帝的舅父耿宝，向杨震推荐一个常侍的哥哥，希望能给他安排个一官半职。但是杨震拒绝了。于是耿宝就亲自到杨震住处拜访，并威胁说："李常侍是皇上所重用的人，想让你征召他的哥哥入朝做官，我耿宝仅仅只是给你传达一下皇上的意思而已。"杨震义正词严地说："如果朝廷想让三公之府征召谁，就应该由尚书那里把皇帝的敕书送来，怎么能让你来传达皇上的意思呢？"耿宝无话可说，只得愤愤离去。皇后的哥哥、官居执金吾（督巡三辅治安）的阎显也想向杨震推荐自己的亲友入朝做官，同样遭到了杨震的拒绝。

永宁二年（121年），邓太后逝世，汉安帝的乳母王圣因从小护养安帝有功，深得安帝的信任与尊敬，于是日益骄纵，连她的女儿伯荣也经常出入禁宫，传通贿赂。于是，身任司徒的杨震就给安帝上书："阿母王圣，出身卑微，虽然有奉养陛下之劳，但陛下对她的封赏荣耀，已远远超过了她的功劳。然而她贪得无厌，经常交际朝臣，接受贿赂、请托，扰乱天下，使朝廷清正的名声受损……因此，应当迅速送阿母出宫，让她住在外面，同时阻断她女儿同宫内的往来，这样就能使恩情和德行都保持下来，对陛下和阿母都是好事……"

然而，汉安帝并不采纳杨震的忠谏，还把奏章给乳母王圣等人看。这更加深了这些人对杨震的憎恨。杨震为官做事，始终秉承公正廉明的原则。他一生公正廉明，因此得罪了很多官场上的人，最后遭到一些奸佞小臣的陷害，悲愤饮鸩自杀。然而他"公正"的品行却千古流传，至今为人所颂扬。

隋文帝：依法惩子，公正治天下

隋文帝杨坚是隋朝的开国皇帝，他成功统一了分裂数百年的中国，大力发展文化经济，被尊称为“圣人可汗”。

隋朝刚建立时百废待兴，隋文帝一登基，就实行了一系列重大改革。他还很注重修订法律，公正严明执法，即使是对他的儿子们犯错也绝不徇私枉法，这就为隋朝的“盛世之国”奠定了基础。

杨坚的第三个儿子杨俊，凭借着他的权威，目无法纪，到处作威作福，经常违反国家制定的法度，让百姓深受其害。但是碍于隋文帝的权势，他们只好哑巴吃黄连，有苦说不出。有胆大的官员将杨俊的恶行告诉隋文帝，隋文帝知道后，随即派专使展开调查，并处罚了100多个相关人员，以此来警告杨俊。可是，杨俊并没有理会父亲的警告，反而变本加厉。他大兴土木，建造豪华宫殿，还成天带着一伙浪荡公子和歌姬舞女在府中寻欢作乐。杨俊的妃子崔氏实在看不过杨俊的骄奢淫逸，苦口婆心地劝他也无济于事，于是恼怒之下把毒药放进食物中给他吃。杨俊中毒后，得了重病。事情闹大了，传到隋文帝那里。隋文帝听说了这件事，不禁暴跳如雷，他想自己的儿子如此目无法纪，于是下令将他召回京师，撤销了他的一切官职，不许他再参加政事，也不许他跨出府门一步。

隋文帝像

杨俊被撤职的消息传出去后，震惊朝野。有官员为了讨好杨俊，就跑到隋文帝的面前为他求情，有人对隋文帝说：“秦王只不过利用官务建造宫殿，这不算什么大错，皇上不应该处罚这么严重。”隋文帝反问道：“他放高利贷，是不是违反了国法？”官员只好点头称是。隋文帝接着说：“谁也不许触犯法律！皇子也不例外。”看到隋文帝很生气的样子，求情的官员也不敢再说什么。

大将军杨素也替杨俊求情，说：“秦王年轻，犯错在所难免。陛下您就原谅他一次吧！”隋文帝立刻反驳道：“我不仅是五个儿子的父亲，更是一国之主。如果按你们的意思去办，那是不是要另外为皇子们制定一个特别的法律？周公当年不顾情面，杀掉发动叛乱的弟弟管叔和蔡叔。我虽然远不如周公，但我也不能徇私枉法啊！”

最后，隋文帝不顾大臣的求情，依法处罚了秦王杨俊。正是隋文帝这种公正执法的态度，才使得他的儿子、大臣们以及天下百姓不敢做违法的事情，隋朝才得以出现短暂的“盛世”。

南山可移，判不可摇

在《旧唐书》中有一个关于李元纮的记载。李元纮，字子纲，唐朝人，一辈子居住在京兆（就是今天的西安），曾被朝廷任命为雍州司户参军。李元纮当司户参军的时候，尽心尽力为百姓办事，他办事时刻秉持公平公正的原则，既不徇私枉法，也不畏强权，坚持追求事情的真相。

有一次，太平公主去西安的一座寺庙上香。上完香后，太平公主在僧人的带领下逛了一圈寺庙。不料，这一逛逛出问题来了。公主看上了寺庙里的一个水碾，就想占为己有，寺庙住持害怕公主的势力，敢怒不敢言，于是事后把公主告到了李元纮那里，请求他主持公道。当时，李元纮担任那个地方的司户。司户是什么性质的官呢？就是一个县里面主管民事纠纷的小官，比七品芝麻官还小。按理说，这么小的官，碰到这么一个涉及皇族的棘手案件，估计接都不敢接的。但是，李元纮不是一般的官，对公正原则有着执着的追求，他没有推托。

李元纮接到这个案子后，立即派人查明真相。果真如住持所说，确实是太平公主强占寺庙的水碾。李元纮深知，小小的水碾对于太平公主来说不足为道，但是对于寺庙来说，这是关系到全寺僧人正常生计的大事。于是，李元纮以事实为依据，以法律为伸张正义的武器，毫不犹豫地把水碾判给了寺庙。这个消息传到了李元纮的上司窦怀贞那里，窦怀贞畏惧太平公主的势力，害怕公主会对李元纮进行打击报复连累到他。于是他立刻派人将李元纮找来，命令他把水碾改判给太平公主。面对自己的顶头上司，李元纮不为所动，他义正词严地对窦怀贞说："在真凭实据面前，大人又何必惧怕公主权势？身为朝廷命官，就该严格执法，本着公平公正的原则。纵使她是公主，做错了就是做错了，不容包庇。大人这么做，将国家法律置于何地？这又如何对得起信任我们的天下百姓？"说完，不等窦怀贞说些什么，他箭步离开了那里。

回来后，李元纮不但没有更改判决书，反而还在上面挥笔写下"南山或可改移，此判终无动摇"十二个大字，以表明他坚持立场的决心。在事实面前，他眼中没有皇权和平民之分，只是本着一颗追求公正原则的心，一视同仁。可见，公正之心可以带给人多么大的力量！

包拯：铁面无私包青天

《铡美案》是包公故事里很有名的一个桥段：家境贫寒的陈世美与妻子秦香莲原本恩爱和谐，但陈世美进京赶考中状元之后，却抛妻弃子成为驸马。秦香莲带着孩子到京城寻夫。没想到，陈世美不但不相认，还派韩琪半夜追杀他们。韩琪因为不忍心下手，只好自尽谢罪，秦香莲反被诬为凶手入狱，发配边疆。后来，包拯替秦香莲翻案，最终将陈世美送上龙头铡。

随着这个故事被改编为戏剧和影视作品，“陈世美”之名也被作为负心汉的代名词而臭名远扬。可是，经过后人考证，宋代确实有陈世美、秦香莲，故事却不是真的。但是不管故事真实与否，它所体现出的包公的清正廉明却是不假。

包公名包拯，是历史上著名的清官。在《宋史·包拯传》中记载：“拯立朝刚毅，贵戚宦官，为之敛手，闻者皆惮之。人以包拯笑比黄河清，童稚妇女亦知其名，呼曰‘包待制’。京师为之语曰‘关节不到，有阎罗包老’。旧制，凡诉讼不得径造庭下。拯开正门，使得至前陈曲直，吏不敢欺。”这些都体现出包拯是个性格严厉正直，对官吏苛刻之风十分厌恶的人。

在包拯42岁的时候，也就是北宋仁宗康定元年（1040年），他被任命为端州（今广东肇庆）知州，任期三年。端州产砚，端砚是宋朝士大夫最珍爱的物品，因此，当地每年都会向朝廷进贡端砚。凡是在端州待过的官员，都会假借朝廷之名多搜刮几倍乃至几十倍的端砚以中饱私囊或者贿赂朝廷权贵。这无疑加重了老百姓的负担。

包拯一上任，就下令要求端州以后只能按规定数量生产端砚，而州县级的官员一律不准私自加码，违者重罚。还表态：自己作为“一把手”，决不要一块端砚。三年后，包拯任期满乘船离开端州时，发现他的一个门生私自携带了一方端砚，勃然大怒，命人把端砚扔到河中，真正兑现了他“不持一砚归”的诺言。

包拯在端州任期只有三年，但他本着“清心为治本，直道是身谋”的信念和公正清廉的工作作风，为当地做出了许多贡献。据史料记载：“端之名宦，每以宋包孝肃公为首称，而公之善政，每以清正为之本……坐是地方千里，民乐耕桑，水蜑山瑶趋庭向化。端之父老至今传诵之不衰。”自宋代以来，肇庆人民就开始修建纪念包拯的祠庙。

包拯像

临终前，包拯留下遗言：“后世子孙仕宦有犯赃滥者，不得放归本家；亡殁之后，不得葬于大茔之中。不从吾志，非吾子孙。”此即包公家训，被刊刻于石碑上，竖在堂屋中。而他的后代也谨守此训。他的儿子包绶，为官多年，死后只留下几卷著述，“无毫发所积为后日计者”。孙子包永年也是“了无遗蓄”，丧事由两个弟弟合力营办，土坑木棺。

何铸：操履劲正，舍身取义

何铸，字伯寿，南宋余杭（今浙江杭州）人，品行刚直，在秦桧设计陷害岳飞时，何铸被派去审问岳飞。而正是这一次审问，成就了他的贤圣之名。

南宋绍兴十一年（1141年），在宋高宗的默许下，秦桧以宋高宗的名义下诏，命令岳飞退兵。在下达十二道金牌后，岳飞迫不得已班师回朝。但是，由于岳飞不忍对百姓置之不顾，所以他先安顿好了受灾的百姓，再启程，因而比预定的时间晚了六天。这次延误，让秦桧抓住了陷害岳飞的又一个把柄。岳飞一到临安，就被宋高宗解除兵权，接着又以“莫须有”的“谋反”罪名被陷害入狱。

在岳飞被诬陷入狱后，秦桧指派御史中丞何铸审理岳飞。审理之前，秦桧就“嘱咐”过何铸要“如实”审问。在何铸审问的过程中，岳飞的义正词严，让他动容。“一个不顾剧痛，在背上刺字提醒自己报效国家的人，他怎么可能出卖国家呢？”于是，何铸进行反复查证，都没有找到岳飞谋反的有力证据。何铸松了一口气。他将这个结果告诉秦桧，秦桧却明明白白地告诉他：“这是皇上的意思……”

一边是天子的旨意，一边是为国为民的忠良，该做何选择？何铸心想，若宣布岳飞“谋反”，那么他如何向天下百姓交代，又该如何面对自己的良心？可若判定岳飞无罪，他又有几条命可违抗圣意？

何铸狠下了心回复秦桧：“我是个执法者，不

岳飞塑像

能栽赃冤枉。为了国家前途，凡是一个有良心的人，都不能如此做啊！何况现在强敌当前，诬杀大将，必使士卒寒心，而国家前途，将不堪设想。”

何铸说的在理，秦桧也无可奈何。他只好派其他心腹审理这宗案子。何铸也知道自己得罪了秦桧，处境肯定堪忧，可是没有丝毫后悔，宁愿公正地死，也不愿昧着良心陷害忠良而苟且偷生。

事后，何铸更加洁身自好。他不住豪华宅邸，平时就住在佛庙寺院，并且将俸禄拿出来救济贫苦的百姓，只留下一点做生活费。他也不结党结朋，只以书为友。如此这般的“傲世独立”，何铸最终逃过了秦桧的威胁，得以保全。

后世称何铸为“直官”，因为他公平正直，不畏强权，为了正义，舍身忘我。一个官员，能够在尔虞我诈的官场做到如此，是非常不容易的。

海瑞：浩然正气济苍生

海瑞（1514—1587），字汝贤，号刚峰，广东琼山（今属海南）人，是明朝著名的清官。他为国为民做了很多好事，严惩贪官污吏，勒令他们退还人民的田地，禁止徇私受贿，打击豪强，修筑水利工程，因此得到了“海青天”的美誉。

明朝嘉靖年间，海瑞任应天巡抚。在他巡视过的地方，碰到了很多告状的老百姓，百姓们反映的问题主要是地方豪强地主仗势欺人。他们有钱有势还要抢夺百姓的田地，海瑞对此特别反感，他一向疾恶如仇，发誓绝不会放过那些贪得无厌之人。可是，这一次海瑞有点为难，因为这牵涉到前任首辅徐阶。徐阶和海瑞的关系很不一般。在徐阶还是首辅时，他非常赏识海瑞的为人，对海瑞处处关照。有一次，海瑞上书劝告皇上勤俭持国，却被皇上下令关押起来。徐阶多次冒险向皇上求情释放海瑞，并且在海瑞被释放后还尽力举荐他。可以说，徐阶对于海瑞，不仅有救命之恩，还有知遇之恩。在这艰难抉择之间，海瑞没有思考很久，他心中已经做出了选择……

海瑞先去徐府拜望了徐阶，向他告罪，说明退田之事必须依法办理，难以拘私。最终，在海瑞的公正判决下，官府勒令徐家退还所有侵占的田产，并且对徐阶横行乡里的三儿子进行了严厉的处置。

在他任应天巡抚时，属吏惧其威严，以至很多贪官污吏自动辞职。有显赫的权贵把门漆成红色，听说海瑞来了，改漆成黑色。宦官在江南监督织造，见海瑞来了，就减少车马随从。

海瑞像

其实海瑞小时候便立志做一个

公平正直的人。他幼小失怙，与母亲相依为命。母亲性格刚烈，不轻易接受别人的施舍。她对海瑞的要求很严格，别的孩子玩耍时，她却要求他苦读《诗经》。从小看惯了富人的横行霸道，体验了贫苦人民的艰难度日，海瑞立志日后如果做官，就要做一个不牟取私利，不谄媚权贵，刚直不阿的好官，因此自号“刚峰”，取其刚强正直、不畏邪恶的意思。

长大后的海瑞真的做到了！为了天下苍生，海瑞不仅不顾私人利益，他甚至可以不顾家人和自身的生命。

明世宗晚年经常不理政务，深居在西苑，专心致志地设坛求福。于是，总督、巡抚等边关大吏便争着向皇上进贡有祥瑞征兆的物品，礼官总是上表致贺。朝中无一人敢出面劝谏。

嘉靖四十五年（1566年）农历二月，海瑞向明世宗呈上万言书《治安疏》，批评他迷信巫术、生活奢华、不理朝政等弊端。明世宗读后，十分愤怒，把《治安疏》扔在地上，对左右侍从说：“快把他逮起来，不要让他跑掉。”宦官黄锦在旁边说：“这个人向来有傻名。听说他上疏之前，自己知道冒犯该死，买了一个棺材，和妻子诀别，奴仆们也四处奔散没有留下来的，他自己是不会逃跑的。”明世宗听了默然，过了一会又读海瑞的上疏，一天里反复读了多次，叹道：“这个人可和比干相比，但朕不是商纣王。”

万历十五年（1587年），海瑞病死在南京官邸。死讯传出后，南京的百姓因此罢市。当灵柩运回家乡时，穿着白衣戴着白帽的人站满两岸，祭奠哭拜的人百里不绝。

/链 接/

"崇廉让以奉公"诫

凡有公局，即有经管银钱之权，又有劳绩保举之望。同列之人，或争利权而相怨，或争保举而相轧，此不廉也。始则求县官之一札以为荣；继则大柄下移，毫无忌惮。衙门食用之需，仰给绅士之手；擅作威福，藐视官长，此不逊也。今特申戒各属绅士，以敬畏官长为第一义。财利之权，归之于官；赏罚之柄，操之自上。即同列众绅，亦互相推让，不争权势。绅士能洁己而奉公，则庶民皆尊君而亲上矣。

（摘自曾国藩《劝诫州县四条》）

中国古代象征公正的神兽

獬豸：又称解廌或解豸，古代传说中的神兽，体形大者如牛，小者如羊，类似麒麟，全身长着浓密黝黑的毛，双目明亮有神，额上通常长一角，俗称独角兽。传说它懂人言，知人性，能辨是非曲直，能识善恶忠奸，发现奸邪的官员，就用角把他触倒，然后一口吞下，因此成为勇猛、公正的象征

狴犴：又名宪章，古代传说中的神兽，龙生九子之一，排行第七，形似虎，平生好讼，又有威力，狱门上部的虎头形装饰便以其为原型。据说狴犴不仅急公好义，仗义执言，而且能明辨是非，秉公而断，再加上它的形象威风凛凛，因此除装饰在狱门上之外，还匍匐于官衙的大堂两侧。古代官府衙门里行政长官衔牌和"肃静回避"牌的上端，便有它的形象。

|法 治|

/释 义/

周星驰主演的电影《武状元苏乞儿》有个“无厘头”的搞笑情节：苏灿比武荣登武状元宝座后，却因文考舞弊遭人举报，皇上龙颜大怒，让吏部尚书当场定罪。结果吏部尚书检索当朝律令，按律只能判个抄家之罪。这让皇上大为不爽，便金口加注，让苏灿一辈子当乞丐，这才有了为人所熟知的“武状元苏乞儿”。

这个情节虽然是戏说，却足以映射出法治与人治的差别。法治与人治相对，强调法律的权威性和普遍适用性，要求将法律作为治理国家和社会的最高准则。人治是依人而治，依靠掌权者的智慧和权威，强调掌权者的绝对权力。片中的皇帝根据个人好恶另外量刑正体现了凌驾于法律之上的人治色彩。

然而，那个按律论罪的吏部尚书，是否就代表法治呢？这里需要进一步辨明法治与法制的区别。法治是依法治理的总原则和总理念，而法制只是法律制度的简称，属于法律的体系和架构层面。二者的最大区别，就是法制无法排除人治的可能性。也就是说，法制国家不等于法治国家。中国古代虽然设有一整套较为齐备的法律制度和法律体系，虽然有“王子犯法与庶民同罪”“南山可移，判不可摇”等思想、实例的存在，然而君权至上，当权者凌驾于法律之上、践踏法律的情况仍长期存在。如果光有法制而不施行法治，法制反而容易成为人治或专制的工具。当然，法治的实施必须建立在法制之上，法制越合理、完善，越有利于法治的实现。

法治是人类政治文明进步的表现，是现代国家治国理政的基本方式，是实现自由平等、公平正义的可靠保障。法治思想的萌蘖最早可追溯到古希腊思想家亚里士多德的法治理论。他对人治和法治的优劣进行对比后认为，人治容易偏离公正，再伟大的贤人也难以完全摒除个人好恶；法治则体现理性精神，更能确保公正。他提出的法治包括两点，一是有优良的法律，二是优良之法得到民众普遍遵守。这个思想为后来者所发扬，并构成了当代法治思想的核心与精髓。

中华古代法治文明中也存在诸多有益于当前法治建设的因素。在春秋战国时期，以商鞅、韩非为代表的法家就提出了明确的法治政见，促进了秦国的富国强兵，实现了中国历史上的短暂“法治”。

中国特色社会主义法治理念正是在接续今古、借鉴西方的基础上所做的探索和实践。它以马克思主义为指导，以公平正义为价值导向，以执法为民为本质要求，将法治与民主政治统一起来，以真正实现运用人民赋予的权力来为人民谋福利。

十一届三中全会后，党中央便提出了“健全社会主义民主，加强社会主义法制”的目标，实行“有法可依、有法必依、执法必严、违法必究”的方针。1997年，中国共产党第十五次全国代表大会把“依法治国”确立为党治国理政的基本方略。1999年，第九届全国人大二次会议将“依法治国，建设社会主义法治国家”写入宪法修正案。2007年，党的十七大提出“全面落实依法治国基本方略，加快建设社会主义法治国家”的目标。党的十八大报告提出了“全面推进依法治国”的法治思想，把“法治”作为社会主义核心价值观的一大要素，化为社会文明进步的强大动力。

中央要求，加快推进法治中国建设，坚持依法治国、依法执政、依法行政共同推进，坚持法治国家、法治政府、法治社会一体建设，保障人民权益，维护社会公平正义。要维护宪法法律权威，法律面前人人平等，法治面前没有例外，任何组织或者个人都不得有超越宪法法律的特权，一切违犯宪法法律的行为都必须予以追究。

作为社会主义核心价值观的内容之一，法治是衡量社会行为的基本价值尺度。法治是一种软实力，其力量不仅仅在于惩治、规范，更在于以“润物细无声”的方式成为公民的内心信仰和行为准则。习近平总书记在十八届中央政治局第四次集体学习中提出：“在全社会弘扬社会主义法治精神，引导全体人民遵守法律，有问题依靠法律来解决，形成守法光荣的良好氛围。”

当前的中国法治建设时间不长，法律体系和法律结构不够完善，社会上有法不依、执法不严、违法不究的现象还时有发生，这就要求全社会进一步提高法律意识和法治观念。

一是要尊重权利。尊重权利被视为法治精神的基本含义，公民最基本的权利就是获得平等、关怀和尊重。法治的社会里，任何人都能得到法律的平等看待。除非基于个人意志自愿，任何人、任何组织都无权要求公民牺牲权利。

二是要树立法治精神。所谓“破山中贼易，破心中贼难”，如果规则活在心中，自然会有“不逾矩”的行动约束。伴随市场经济涌入的物欲主义、拜金主义等导致社会道德价值取向产生混乱，一些行业、领域、地方等存在不以守法为荣的道德倒错现象。比如中国式过马路、“潜规则”问题等。只有遵纪守法成为一种自觉，依法办事成为一种自然，才能源源不断地释放规则的正能量。

三是要树立法治思维。法治思维是公民素质提高的重要标志。广大群众应逐步养成遵守法规的习惯，在日常生活中尊重法律、维护法律，尤其在表达诉求、维护权益时，要学会依法办事，才能更好地维护每个人的权利，让普通群众“不怕事也不惹事”。

/名 言/

法者，天下之仪也。

——〔战国〕管仲

律者，所以定分止争也。

——〔战国〕管仲

天下从事者，不可以无法仪；无法仪而其事能成者无有。

——〔战国〕墨翟

言不中法者，不听也；行不中法者，不高也；事不中法者，不为也。

——〔战国〕商鞅

不以规矩，不成方圆。

——〔战国〕孟轲

国无常强，无常弱。奉法者强则国强，奉法者弱则国弱。

——〔战国〕韩非

法不阿贵，绳不绕曲。

——〔战国〕韩非

国有常法，虽危不乱。

——〔战国〕韩非

守一道制万物者，法也。

——《鹖冠子》

不别亲疏，不殊贵贱，一断于法。

——〔西汉〕司马迁

法令者，所以抑暴扶弱，欲其难犯而易避也。

——〔东汉〕班固

立善防恶谓之礼，禁非立是谓之法。

——〔西晋〕傅玄

治天下之财莫如法。

——〔北宋〕王安石

西洋治民以法。法者，人己兼治者也，故推其法以绳之诸国，其责常迫。

——〔近代〕郭嵩焘

法苟不善，虽古先吾斥之；法苟善，虽蛮貊吾师之。

——〔近代〕冯桂芬

余观欧美大小诸国，无论君主、君民共主，一言以蔽之曰：以法治国而矣。此固古哲先王之所不料，抑亦后世法家所不能知者矣。

——〔近代〕黄遵宪

法为天下之公器。

——〔近代〕梁启超

法治国者，谓以法为治之国也。

——〔近代〕梁启超

故法治者，治之极轨也。

——〔近代〕梁启超

文明之根源有定者何？其法愈繁备而愈公者，则愈文明；愈简陋而愈私者，则愈野番而已。

——〔近代〕梁启超

法者，天下之程式，万事之仪表也。

——〔近代〕沈家本

刑律不善不足以害良民，刑事诉讼律不备，即良民亦罹其害。

——〔近代〕沈家本

立国于大地，不可无法也。

——〔近代〕孙中山

国于天地，必有与立，民主政治赖以维系不敝者，其根本在于法律，而机枢在于国会。必全国有共同遵守之大法，斯政治之举措有常轨，必国会能自由先例其职权，斯法律之效力能永固。所谓民治，所谓法治，其大本要旨在此。

——〔近代〕孙中山

法律是一切人类智慧聪明的结晶，包括一切社会思想和道德。

——〔古希腊〕柏拉图

法律就是秩序，有好的法律才有好的秩序。

——〔古希腊〕亚里士多德

法治应包含两重意义：已成立的法律获得普遍的服从，而大家所服从的法律又应该本身是制定的良好的法律。

——〔古希腊〕亚里士多德

法典就是人民自由的圣经。

——〔德〕马克思

执政官乃是会说话的法律，而法律乃是不会说话的执政官。

——〔古罗马〕西塞罗

法律按其真正的含义而言，与其说是限制，还不如说是指导一个自由而有智慧的人去追求他的正当利益。

——〔英〕洛克

法律是一种有益而温柔的枷锁，最骄傲的头颅也柔顺地戴着这种枷锁。

——〔法〕卢梭

在专制的政府中国王就是法律，同样地，在自由的国家中法律便应该成为国王。

——〔美〕潘恩

执行法比制定法更重要。

——〔美〕杰弗逊

宪法，就是一张写着人民权利的纸。

——〔苏联〕列宁

/故 事/

贞观之治：依法治国，国运乃昌

唐太宗李世民在位期间，国泰民安，开创了历史上著名的“贞观之治”。他常以“亡隋为戒”，重用人才，虚心纳谏。最可注意的是，唐太宗注重立法，在贞观年间，着力制定完备的法律体系，他主持制定了《贞观律》，明确了赏罚制度；还有《唐律疏议》，就是人们通常所说的唐律。他还创建了“援法断罪，罪刑法定；明法慎刑，以宽仁治天下；人有所犯，一断于法”等一系列前所未有的法律秩序，使天下百姓有法可依，安居乐业。

唐太宗需要官员把他的相关法律理念贯彻到司法实践中去，他挑中了戴胄。戴胄原来是隋朝的小官，因为擅长处理公文、为官清正而受唐太宗重用，被提拔为大理少卿。可是，戴胄上任没几天，就与唐太宗发生了激烈的冲突。

当时，唐朝允许隋朝官员到朝廷吏部来参加选官，参照隋朝时的官职品级，授予官职。可是有很多人伪造履历，提高官职品级。由于隋朝官员的档案不完整，难以核对，唐太宗发现后十分恼火，于是下诏规定：已经通过伪造履历获得官职的官员都必须自首；不自首而被揭发出来的，要判处死刑。这时候，刚好有一个人被揭发。唐太宗一时仁慈，特意下诏让他自首，可被揭发者坚决不承认。查明罪状之后，戴胄去向唐太宗汇报。唐太宗大怒，当即下令斩杀那个人。戴胄却上奏：“按照新法律，应该判处徒刑。”唐太宗生气地说：“你要守法，不就是让我失信吗？这样，我的威严如何树立！”戴胄毫无惧

唐太宗像

色地回答："您刚才的命令，只是出于一时的激愤；而法律，则是国家取信于民的根本。陛下痛恨选拔人才作假，因此就想杀了他。但现在已经知道了这样不对，定出了新法律，就应当依法办事。这就叫作'忍小忿而存大信'。"几个回合下来，唐太宗最终还是接受了戴胄的意见，并说："卿能执法，朕复何忧！"

党仁弘是唐太宗十分器重的开国武将，为唐朝做出过巨大的贡献。但党仁弘性情贪婪，在任广州都督时"为人所讼，赃百余万，罪当死"。为了处死党仁弘，大理寺一天之内五次上奏唐太宗。可是，唐太宗顾念旧情，动了恻隐之心，让党仁弘保住了性命，将他罢官贬为庶人，流放钦州。

晚上，唐太宗难以入寐，他把五品以上的官员召集到太极殿前，对他们说："法令，是君主受命于上天所得，不可因私情而徇法。如今朕偏袒党仁弘，想要宽赦他，这是淆乱法度，有负于上天。朕要带着苇席到南郊，每日只吃一顿饭，用三天时间以谢天下。"在大臣们的劝阻下，唐太宗最终答应群臣所请，但却自定三罪："朕有三罪：知人而不能明察，是一罪；因私情淆乱法令，是二罪；亲近好人而不赏赐，讨厌坏人而不诛罚，是三罪。"

在经历这些事情后，唐太宗更加严格执行法律法规，不再因个人喜怒而违背法律的严肃性。在法律面前，他甚至可以大义灭亲。唐太宗的长子李承乾，从小胡作非为，长大后竟妄图谋反，其失望悲痛之余，只好依照法律，忍痛把李承乾废为庶人，流放黔州；还有自己妹妹长广公主的儿子、扬州刺史赵节，因为参与李承乾的谋反，被唐太宗依法处死。

徐有功：守法不阿辨是非

徐有功，唐朝有名的司法官员，历史上罕见的以死守法、执法的清官。他在司法任上有15年之久，因为坚持依法守法，曾三次被控告死罪，两次被罢官，连武则天都被他的坚贞所折服。也是因为依法执法，他断案六七百件，救人数以万计，得到了历代百姓的颂扬。

公元689年，唐高宗去世，武则天执政，自称“神圣皇帝”。也是这一年，徐有功开始担任司刑寺丞这个职务。对于武则天称帝，唐高宗时期的许多旧臣和李氏宗室贵族都十分不满，纷纷起兵反对武则天。为了巩固自己的统治地位，武则天任用了大量酷吏做帮手，帮她打击敌对势力，造成了各种冤假错案。在这样的政治背景下，徐有功仍然义无反顾地执正守法，他甘愿冒着杀身之祸维护法律的严肃性，制止冤假错案在他身边发生。

有一次，魏州贵乡县县长颜余庆被告密说他与之前起兵谋反被杀的李冲是一伙的。武则天立马命酷吏来俊臣审理此案。来俊臣知道武则天需要什么，为了邀功，他不择手段强逼颜余庆认罪。颜余庆大喊冤枉，最后受不了严刑逼供，无奈只好画押认罪。后来，这个案卷被徐有功看到了，他仔细阅读，发现颜余庆虽然认罪，但很明显罪证不足。徐有功察觉事有蹊跷，凭着对法律公正、公平的追求，他决定挑战皇权，查明实情。徐有功查阅了许多案件和法律条文，包括武则天当年颁布的《永昌赦令》，在里面发现了“魁首”和“支党”两个词，心中有了把握。于是，他冒险向武则天强谏，并在朝堂之上与武则天展开了一场唇枪舌剑的论辨。在所有官员都为徐有功的生命和前程担忧时，他本人不卑不亢，神情自若，对答如流，没有畏惧。到最后，武则天都被他的勇气折服，命令重审颜余庆的案子。

最终，颜余庆在徐有功与武则天的激烈争辩中保住了性命。而像这样的案件，在徐有功任职期间，数不胜数。正是对于“执法应公，守法要正”的执着，徐有功不畏强权挽救了一条又一条生命。到最后，徐有功为了维护法律，公然挑战武则天的权威，替她的眼中钉——德妃的母亲翻案。当徐有功的好友将武则天要斩杀他的消息悄悄告诉他，劝他早做准备时，徐有功坦然地说：“不要哭，难道这世上只有我一个人会死吗？我维护国家的法律，公正地为法律说话，权不能大于法呀！我为执法、护法而死，死何足惧！”

向敏中：以法挽救生命

向敏中，字常之，北宋开封人。他为官正直清廉，从不与贪官污吏交往，因此，宋太宗想重用他。但其他官员嫉妒他，便污蔑他私收贿赂，经过查实，证明他是清白的。从此之后，宋太宗更加信任他。在一百天左右，连升几级。咸平四年（1001年），成为宰相。第二年，由于受到其他官员的排挤、污蔑，向敏中官位被降，成为鄜延路（今陕西延安一带）安抚使，在西北度过了十余年。

向敏中在西京（今陕西西安）任职期间，发生了一起案件。有一游方和尚路过一个村庄，因为天色已晚，就向村头的一户人家请求借住一宿。但是，主人看到和尚衣鞋破烂，没有答应。无奈之下，和尚只好在这家门外的车棚里歇脚。

睡到半夜，和尚突然被一阵响动惊醒，睁开眼一看，只见一名草莽大汉扛着一个不省人事的妇女，手里拿着衣服包裹翻墙出去了。和尚马上意识到这家遭遇强盗了，刚打算叫醒户主，转念又一想："这家主人看上去就不像个讲理的人，此时我叫醒他，他肯定以为是我做的，必定控告我'贼喊捉贼'，到时候肯定有理说不清了。"三十六计走为上计，和尚收拾一下就逃离了那里。

夜里黑灯瞎火的，和尚跌跌撞撞向前摸索，却掉进一口枯井。更想不到的是，他在黑暗中依稀看到一个妇女躺在他身边。挨近一看，竟然是刚刚被劫持的那个妇女！想必是那个强盗嫌妇女碍事儿将她杀死扔在了井中。"逃也逃不掉，看来命中注定受此一劫。"和尚只好坐等结局。

次日天明，主人发现妇女与财物都不见了，便四处搜索，终于在枯井里发现了和尚与被杀妇女的尸体。人赃俱在，主人不由分说，直接将他押送官府。和尚也自觉百口难辩，为免受皮肉之苦，他选择了认罪，编造说是自己诱拐妇女一起逃走，害怕人们追赶而失足掉进了井中，于是将她杀死。问起所抢财物的下落，和尚挖空心思说放在井旁，自己落井后不知被什么人拿走了。

该案报告给府台后，府台认为事实清楚，证据确凿，同意定罪宣判。但这时，向敏中却觉得此事必有蹊跷。而且，丢失的财物也没有任何下落，不应该就这么结案。因此，向敏中单独提审了和尚。和尚看见向敏中没有一点当官的威严，也没有严刑逼供的打算，便把这件事情的来龙去脉交代了出来。

于是，向敏中决定重新调查此案，派密探到各处查访。一天，一名密探到附近乡村饭馆吃饭，一位老婆婆进来搭话，打听和尚一案的结果。密探欺骗她说和尚已经被判刑斩首了。老婆婆叹了一口气，又问，如果现在真正的杀人凶手出现了，怎么办？密探有一搭没一搭地说，官府错断了此案，即使真正的凶手出现，也会将错就错，不再过问了。老婆婆就自言自语地说，如此说出来也没有妨碍了，其实那个妇女是本村的年轻人某甲杀的，还说出了某甲家的住处。

终于有线索了！密探立马赶到某甲家中将其抓获。某甲见这件事情已经败露，只好供认不讳，如实交代了犯罪过程。官府根据他的证词找到了丢失的财物，最终和尚被无罪释放。

在这件案子中，向敏中凭着严肃认真的态度，细心断案，用法律挽救了一个无辜的生命。而和尚缺乏法律意识，不敢自证清白，差点自失性命。可见，法治，不仅是国家维护治安的保障，也是个人生命安全的依靠。一个公民，只有依靠法律，自身利益才能得以保障。

张雄飞：守法不易其节

张雄飞，字鹏举，山东临沂人，元代著名政治家。他在地方上担任过重要职务，一生清正廉洁，公忠为国，对元朝初年的政治贡献很大。

张雄飞在中书省任职时，元世祖派使者急召他面圣，并对他说："你是真正廉洁的人，听说你非常贫困，我特意赏赐你白银二千五百两。"张雄飞感谢世祖的赏识，谦恭拜谢而退。世祖看他态度不卑不亢，下令再赏赐他黄金五十两和金酒器皿。张雄飞虽然接受了赏赐，但是想到自己其实没立什么功，以后难免会有人拿这件事做文章，于是，他把这些赏赐做上记号，秘密收藏在家里。

后来，张雄飞被停职，于是他的死敌阿合马的同党塔即古到中书省请求追回世祖赏赐的财物。还是东宫太子的裕宗深知张雄飞的为人，命令参政温迪罕告诉丞相安童说："皇帝赏赐张雄飞的原因，是要表彰他的廉洁，不要受小人欺骗。"这件事情不了了之。后来塔即古等人又请求核实张雄飞在中书省任上的财务，假借皇帝的命令追查并没收皇帝赏赐给张雄飞的财物。

不久，塔即古等人因犯罪被诛杀。元世祖考虑到阿合马的余党可能在检查核实张雄飞的过程中做了什么手脚，于是命令亲近的大臣伯颜复查。中书省左丞耶律老哥劝张雄飞到伯颜那里为自己讲明情况，但张雄飞说："皇帝因为我廉洁，所以才赏赐我。但是，我没敢随便使用这些东西并封存做好标记来等待的原因，正是料到有今天，又何必自己去说呢？"

张雄飞真可谓有先见之明。他深知为官之道，不能乱收财礼。否则，一不小心就会落人口实，被人抓住把柄。所以，张雄飞洁身自好，严谨遵守做官的法规，不轻易"犯规"。

由于阿合马专权的时间很久，为官期间，卖官枉法，朝中秩序很乱。面对这种情况，张雄飞首先自降官阶一级，于是那些侥幸不按规定提拔的人都降级。不久，阿合马之子忽辛犯罪。元世祖命中贵人和中书省一起对忽辛进行审问，忽辛一个个地指着那些审问的官员说："你曾经收受了我家的钱物，怎么能审问我！"只有张雄飞站出来问道："我曾接受过你家的钱物没有？"忽辛只得戚戚地说："只有你一个人没有。"张雄飞说："既然这样，那么我可以审问你了。”于是，忽辛只好认罪。

澧州是元军刚打下的地区，张雄飞从整顿法制、恢复社会秩序做起，镇压盗匪、平反冤狱、发展生产，使澧州迅速安定了下来。至元十四年（1277年），张雄飞调任荆湖北道宣慰使，这个地区也是新附之区。张雄飞莅任后，一切镇之以静，招缉流民，编制户籍，恢复生产。荆湖行省丞相阿里海牙依仗权势将3800户农民变成自己的奴隶。张雄飞发现后，立即飞章上达，朝廷严厉处分了阿里海牙，将这些农民解除了奴籍，编入郡县。

至元十六年（1279）年，张雄飞升任御史中丞。此时，正逢阿合马死去。张雄飞全力整顿被阿合马败坏的法律纲纪，处理了依附阿合马的贪官污吏，使朝政一清。

沈家本：法学匡时为国重

沈家本，字子淳，吴兴（今浙江湖州）人，清末官吏、法学家。他对中国传统律学的批评总结、中国近代法律体系的创设、中国近代法学理论的开拓等，都做出了巨大贡献。

沈家本出身于书香门第、官宦之家。受在刑部工作的父亲影响，他从小就接触到法律方面的知识，并对它有着极大的兴趣。因此，在1883年，中了进士的沈家本选择在刑部工作。他遍阅历代的法制典章、刑狱档案，对中国古代法律资料进行了系统的整理和研究。沈家本希冀法律能带给落后的中国一点力量，于是接连撰写了十余部法律方面的书稿，包括《刺字集》《秋谳须知》《律例偶笺》和《律例杂说》等，为中国古代律学研究的深入做出了极大的贡献，从而也确立了沈家本作为清代律学大家的地位。

1892年，沈家本被提拔为天津知府，这使得他能将多年对法律的研究应用到实际办案中。其间，他受理过这样一起案件——天津县奸商郑国锦同奸妇王氏谋杀本夫刘明案。当时刘明已经死了两年，尸体也已腐烂，难以找出证据。沈家本特意从京师调来有经验的仵作侯永一起查验，根据死者牙根及头顶骨呈红色、囟门骨突出的症状，他们得出刘明是受伤致死而非病死的结论。最终查明是郑国锦与刘明妻子王氏所为。证据确凿，郑国锦与王氏只得承认是他们因奸合谋，趁刘明患病之机以针灸为名将其害死。这件案子的水落石出，为沈家本赢得了极大的声誉，还为其他案件的办理提供了参考的依据。

沈家本像

1902年，光绪皇帝下谕修律，沈家本和伍廷芳被袁世凯、张之洞等保举主持修律。从此，受命于危难之中的沈家本，承担了中国近代史上具有转折意义的律例修订工作。

沈家本主持《大清律例》的全面修订后，建议废除“凌迟、枭首、戮尸、缘坐、刺字”等酷刑，并禁止使用刑讯逼供，得到了光绪皇帝的赞同。从此，这些酷刑从中国刑法中废除。沈家本还请求减少死刑适用的条文，也被批准。这些改良之举推动了中国法律的文明进程。

沈家本对旧的法律体系框架进行大胆改革，先后主持制订了《大清新刑律》《刑事民事诉讼法》《破产律》《法院编制法》《违警律》《商法总则草案》《亲属法草案》等新法律。同时，在司法公正方面，他提出建立陪审员制度和律师辩护制度，这无疑是中国近代法制的创举。

在主持修律过程中，沈家本大量吸纳了西方法治思想、观念和理论，将它们与中国原有的融合，成就了融汇中西、贯通古今的大学问。但他反对盲目崇拜西法，认为中法、中学也有自己的长处。

沈家本坚信以法救国、以法强国的主张。他认为当时中国积贫积弱，受到列强欺凌，就是因为法律制度落后和不完善；通过修律，参照世界通行规则，加强权利保障机制，就能收回治外法权，摆脱列强的控制。他指出“近今泰西政事，纯以法治”（《新译法规大全》），而日本明治维新以后，实行法治，国势日强。所以，中国要维新图强，就要实行法治主义。

从提倡法治出发，沈家本非常重视法学的振兴。他建议设立法律学堂，设置律学博士，开中国大学法学教育之先河。他的种种努力，奠定了近代中国法学发展的基础。在沈家本的墓碑上，袁世凯这样写道：“法学匡时为国重，高名垂爱以书传。”

/链 接/

韩非子论"公法"

故当今之时，能去私曲就公法者，民安而国治；能去私行行公法者，则兵强而敌弱。故审得失有法度之制者，加以群臣之上，则主不可欺以诈伪；审得失有权衡之称者，以听远事，则主不可欺以天下之轻重。今若以誉进能，则臣离上而下比周；若以党举官，则民务交而不求用于法。故官之失能者其国乱。以誉为赏，以毁为罚也，则好赏恶罚之人，释公行，行私术，比周以相为也。忘主外交，以进其与，则其下所以为上者薄也。交众、与多，外内朋党，虽有大过，其蔽多矣。

（摘自《韩非子·有度篇》）

"治署内以端本""明刑法以清论"诫

一曰治署内以端本。

宅门以内曰上房、曰官亲、曰幕友、曰家丁；头门以内曰书办、曰差役。此六项者，皆署内之人也。为官者欲治此六项人，须先自治其身。凡银钱一分一毫，一出一入，无不可对人言之处，则身边之人不敢妄取，而上房、官亲、幕友、家丁四者皆治矣。凡文书案牍，无一不躬亲检点，则承办之人不敢舞弊，而书办，差役二者皆治矣。

二曰明刑法以清讼。

管子、荀子、文中子之书，皆以严刑为是，以赦宥为非。子产治郑，诸葛治蜀，王猛治秦，皆用严刑，以致乂安。为州县者，苟尽心于民事，是非不得不剖辨，谳结不得不迅速。既求迅结，不得不刑恶人，以伸善人之气；非虐也，除莠所以爱苗也，惩恶所以安良也。若一案到署，不讯不结，不分是非，不用刑法，名为宽和，实糊涂耳，懒惰耳，纵奸恶以害善良耳。

（摘自曾国藩《劝诫州县四条》）

第三编

个人篇

爱 国

释 义

2012年9月，因为钓鱼岛问题不断升温，北京、上海、广州、杭州等85个中国城市爆发了反日游行。当时的口号是“抵制日货”，浪潮一时席卷全国。然而随着事态的发展，纷纷出现了日系车被砸、日资商店被抢等事件，暴力失控行为给社会造成了严重损失和负面影响。那么，这种举动可以称为“爱国”吗？究竟怎样做，才是符合国家利益与个人诉求的“爱国”？

首先，我们应该明确，爱国强调的是个人与国家之间的相互支撑关系，同时也是一种建立在理性基础上的感性认同。我们应当避免如前面所说的极端民族主义，因为那是一种非理性爱国主义。从古至今，爱国是我们民族最稳定的文化基因，也是全国各族人民共同的精神支柱。几千年来，中华儿女一直高举爱国旗帜，涌现出无数爱国英雄、仁人志士，传诵着数不清的爱国诗篇。古有文天祥留取丹心照汗青，近有军民一心抛洒热血击退日寇。这些经验累积成浓厚的爱国主义情感，在生活的方方面面影响着国人的行为选择。

其次，爱国需要公民将自己国家的历史和文化融进个人价值与生活意义的建构中。从百家争鸣到唐诗宋词，从古代的儒家传统到近代的革命与改革传统，文化的传承让公民的思想感情得到了一种格外的升华。通过把国家的历史文化与自身价值对接，公民的个体生活会在深度及广度上获得延展，而民族国家的存在也将得到具体的表达。因此，公民要主动学习、了解国家的历史及文化积淀，从而形成足以维系爱国情怀的价值认同。

另外，爱国需要公民充分肯定自己国家发展的成就，对国家的未来充满信心。新中国成立后，尤其是改革开放以来，经济高速发展，走出了一条中国特色社会主义道路。我们身处其中，应该“与有荣焉”，认同国家的成就，也正视存在的问题，为未来的发展贡献自己的力量，如此才是每个公民应有的爱国之情。

爱国主义是每一个中国人自尊、自信、自立、自强的内心依托，同时也是一个历史范畴，在社会发展的不同阶段、不同时期有不同的具体内容。新中国成立后，国家实现了民族独立，开始转向内部建设，而爱国也体现为参与国家的经济建设，推动文化繁荣发展，树立在世界民族之林的自立形象，等等。改革开放以来，随着国家综合国力的日益强盛，每一个中国公民的爱国之情也在不断高涨。

党的十八大提出在中国共产党成立一百年时全面建成小康社会，在新中国成立一百年时建成富强、民主、文明、和谐的社会主义现代化国家。每一个中国人应当自觉增强爱国精神，自觉履行爱国责任，自觉实践爱国行动，把个人的梦想与中国梦紧密结合。这是爱国精神在当代中国的最好体现。习近平总书记指出，实现中国梦必须弘扬中国精神。这就是以爱国主义为核心的民族精神，以改革创新为核心的时代精神。他说，实现中国梦必须凝聚中国力量。而爱国主义始终是把中华民族坚强团结在一起的精神力量。

爱国不是一句空洞的口号，而是要付诸具体的行动，包括爱祖国的大好河山，爱自己的骨肉同胞，爱祖国的灿烂文化。当祖国面临分裂时，坚决维护统一，反对分裂；当面临外敌入侵时，同仇敌忾，奋起保卫家园。

在新的历史时期，爱国更是体现在增进群众感情上，体现在苦干实干上，体现在高尚的精神追求上。“空谈误国，实干兴邦”，对于每个人来说，就是要把爱国与爱事业统一起来，从小事做起，从眼前做起，刻苦钻研、大胆创新，敢于负责、勇于担当，以一流的工作，创造一流业绩。“人民有信仰，国家才有力量。”把个人力量融入推进中国特色社会主义伟大事业当中去，把个人梦想融入实现中华民族伟大复兴的中国梦当中去，增强责任感和使命感，增强民族自尊心和自信心，自强不息，奋发有为，贡献力量，展示才华，才能让生命在实现中华民族伟大复兴的宏伟大业中，闪现出最耀眼、最灿烂的光辉。

/名　言/

临患而不忘国，忠也。

——《左传》

苟利国家，不求富贵。

——《礼记》

长太息以掩涕兮，哀民生之多艰。

——〔战国〕屈原

先国家之急而后私仇也。

——〔西汉〕司马迁

常思奋不顾身，而殉国家之急。

——〔西汉〕司马迁

匈奴未灭，何以家为?

——〔西汉〕霍去病

捐躯赴国难，视死忽如归。

——〔三国〕曹植

烈士之爱国也如家。

——〔东晋〕葛洪

国耻未雪，何由成名?

——〔唐〕李白

感时思报国，拔剑起蒿莱。

——〔唐〕陈子昂

先天下之忧而忧，后天下之乐而乐。

——〔北宋〕范仲淹

精忠报国。

——〔南宋〕岳飞

一身报国有万死，双鬓向人无再青。

——〔南宋〕陆游

位卑未敢忘忧国，事定犹须待阖棺。

——〔南宋〕陆游

人生自古谁无死，留取丹心照汗青。

——〔南宋〕文天祥

瞒人之事弗为，害人之心弗存，有益国家之事虽死弗避。

——〔明〕吕坤

天下兴亡，匹夫有责。

——〔清〕顾炎武

苟利国家生死以，岂因祸福避趋之？

——〔近代〕林则徐

浊酒不销忧国泪，救时应仗出群才。拚将十万头颅血，须把乾坤力挽回。

——〔近代〕秋瑾

我以我血荐轩辕。

——〔现代〕鲁迅

祖国如有难，汝应作前锋。

——〔现代〕陈毅

我们中华民族有同自己的敌人血战到底的气概，有在自力更生的基础上光复旧物的决心，有自立于世界民族之林的能力。

——〔现代〕毛泽东

锦绣河山收拾好，万民尽作主人翁。

——〔现代〕朱德

我们爱我们的民族，这是我们自信心的泉源。

——〔现代〕周恩来

英勇非无泪，不洒敌人前。男儿七尺躯，愿为祖国捐。

——〔现代〕陈辉

我是中国人民的儿子。我深情地爱着我的祖国和人民。

——〔现代〕邓小平

人不仅为自己而生，而且也为祖国活着。

——〔古希腊〕柏拉图

人类最高的道德是什么？那就是爱国心。

——〔法〕拿破仑

为祖国而死，那是最美的命运啊！

——〔法〕大仲马

祖国更重于生命，是我们的母亲，我们的土地。

——〔智利〕聂鲁达

爱国主义就是千百年来固定下来的对自己祖国的一种最深厚的感情。

——〔苏联〕列宁

我唯一的遗憾，是我只有一个生命奉献给祖国。

——〔美〕内森·黑尔

热爱祖国，这是一种最纯洁、最敏锐、最高尚、最强烈、最温柔、最有情、最温存、最严酷的感情。一个真正热爱祖国的人，在各个方面都是一个真正的人。

——〔苏联〕苏霍姆林斯基

黄金诚然是宝贵的，但是生气勃勃、勇敢的爱国者却比黄金更宝贵。

——〔美〕林肯

苏武牧羊：执着不屈的爱国心

汉武帝时期，处于中原地区的汉朝和西北少数民族匈奴的关系不太稳定。公元前100年，匈奴的新单于即位。为了表示友好，汉武帝派遣苏武率领一百多人，出使匈奴。身为使臣，苏武不卑不亢，出色地完成了出使的任务，单于对苏武也颇为赏识。可是正当苏武准备启程回汉时，匈奴发生内乱，苏武一行也因此遭到扣留，要求他们归降匈奴。

匈奴方面先是派卫律来劝降。卫律也是汉朝派遣的使臣，后来叛变，投降匈奴。此时的卫律，高官厚禄，好不得意。他耀武扬威地来见苏武，说："老朋友啊，你看看我，在汉王朝不受重视，可是呢，过来这边，处境完全不一样啦。高官厚禄，珠宝财物，美人香车，任你要什么有什么。如今匈奴看得起你，让你归降，是对你的抬举。只要你点一点头，我有的，你马上也有。"

苏武本来就对卫律很不齿，如今看到他这般嘴脸，心里更是嫌恶。他说："卫律你本来就丢尽了汉王朝的脸，如今国患当前，你却这般恬不知耻，真叫人为你感到羞愧。要我像你如狗一般投降，那是绝对不可能的！"

苏武像

单于见劝说没有用，决定用严刑逼降。当时正值寒冬，西北地区冷冽逼人。单于命人把苏武关进一个露天的地穴，并断绝食品和水。苏武渴饮雪，饥吞毡，坚强地求活，让单于大为震撼，隐隐被他的气节所折服。单于无奈，只得将他流放到贝加尔湖一带。临行前，单于召见苏武说："沦落到今天，也是你咎由自取。既然你不愿归降我朝，那你就去遥远的西伯利亚做一个牧夫吧。哪天这些羊能生出羊羔，我就放你回去中原。"

于是，苏武被遣送到人迹罕至的贝加尔湖边。而且单于要他所牧的那群羊，竟是一群公羊！要让公羊生出羊崽，那简直是天方夜谭。苏武明白了，自己面临的是又一个绝境。

无论环境有多艰难，苏武回国的心都不死。寒来暑往，四季轮回，苏武在煎熬中度过。他看着自己的黑发慢慢变白，身躯渐渐弯曲。他一年比一年禁不起寒冷，一年比一年禁不起饥饿。一直握在手中的使节，上面挂着的旄牛尾装饰物也都掉光了。但是即使这样，每一天每一刻，他都不忘记望向祖国的方向。那是心之所系，身之所欲往！

十九年过去了，当初将他遣往贝加尔湖的匈奴单于已经去世了。在遥远的汉朝，派他出使的汉武帝也归天了。这时候，匈奴与汉朝的关系渐趋缓和。汉朝向匈奴索要苏武，匈奴伪称苏武已死。但继任的汉昭帝钦佩苏武的气节，不相信匈奴的说法。他派遣使臣复至匈奴，打听到苏武尚在西伯利亚的贝加尔湖一带。于是，使臣便对单于说：汉天子在上林苑射猎，射下一只大雁。雁足上系有帛书，清清楚楚地写着苏武如今在北海。无奈之下，单于只好交出苏武。

苏武出使的时候，正逢盛年四十。十九年的折磨，耗尽了苏武的元气。回到祖国的时候，他已是一个身体佝偻、头发苍白的老人。为了表彰他不辱汉节的功绩，昭帝封他为典属国，并赏赐他很多财物。苏武宁死不辱的爱国精神，经受了威逼利诱的考验，经受了长年累月的折磨，受到后人的敬仰，他的事迹也广为流传。

文天祥：留取丹心照汗青

曾留下“人生自古谁无死，留取丹心照汗青”名句的文天祥，是宋末政治家、抗元名臣。

在文天祥还是孩子的时候，他曾无意中看见欧阳修、杨邦义、胡铨的画像，发现他们的谥号都是“忠”，感到很奇怪，就向先生请教。先生把他们的故事告诉文天祥后，被他们那爱国之心深深感动的文天祥也立志要为国家尽忠。20岁时文天祥凭借出色的才华，通过了宋理宗的亲自选拔，以第一名的成绩考取进士。宋理宗说：“此天之祥，乃宋之瑞。”这可是莫大的荣耀。于是，文天祥将他的字改为“宋瑞”，以表明他忠心报国的决心。

公元1274年，文天祥被委任为赣州的知州。当时，民间有许多自发组织的队伍，朝廷命文天祥率领这些队伍前往京城抵抗元军。当时，元军兵分三路攻破京城的郊区，很快就会攻打到京城。可是，文天祥这边的民间士兵，无论是规模，还是实力上都比不上元军。而他率领这些士兵去抵抗气势高涨的元军，就相当于是驱赶群羊同猛虎相斗。但是，文天祥没有丝毫的畏惧，他希望以身殉职来感召天下的忠臣义士，大家奋起抗敌。不仅如此，文天祥还将家里的资产全部充当军费。

公元1277年，元军攻打汀州，不久转战到赣州，文天祥的妻子子女都被元军所抓，而他侥幸逃过一劫。文天祥知道，只要他投降，就能和家人团聚。可是，他宁可舍弃家人，也不愿丧失民族气节。之后，文天祥召集残兵奔赴循州，驻扎在南岭。公元1278年，文天祥军中瘟疫流行，死了好几百人，其中包括他唯一的儿子和母亲。当时，人心惶惶，很多将领都想投降。不久，在一些叛徒的引导下，元军逼攻到潮阳（当时文天祥已经进驻潮阳），将文天祥的军队打得措手不及，文天祥也被活捉。

文天祥被元军抓住后，被逼迫写信招降其他将领，他说：“我不能保卫父母，还要教别人背叛父母，这可以吗？”多次拒绝无果后，他写下了著名的诗句《过零丁洋》来表明自己的心迹。当时，宋朝已经灭亡，有前朝官员劝文天祥用侍奉宋朝的态度来侍奉大元皇帝，这样就不会失去宰相的职位。文天祥听后，眼泪扑簌，说：“国亡不能救，作为臣子，死有余罪，怎敢怀有二心苟且偷生呢！”他们无奈，只好将文天祥押送到京城。

在押送的路上，文天祥不想苟且偷生，他八天没有吃饭，一心求死。可是，或许是上天不想让这个忠心耿耿的臣子过早失去生命，在饿了八天后，他竟没有死。到达燕京，馆舍接待的人布置豪华的住所殷勤侍奉文天祥，可是他对这些不屑一顾，他没有睡宽大、柔软的床，而是坐到了天亮。当时，元世祖到处搜求有才能的南宋官员，有些人向他推荐文天祥。但是，文天祥不为所动。最终，他还是选择了一死表明自己对南宋的忠心。

文天祥塑像

文天祥死的时候只有47岁。妻子为他收尸的时候，发现他的衣服里藏了一张纸条：“孔曰成仁，孟曰取义，唯其义尽，所以仁至。读圣贤书，所学何事？而今而后，庶几无愧。”文天祥的爱国之心，可见一斑。

林则徐：销烟山河壮，百年怒鼓鸣

被誉为“金锁铜关”的虎门要塞，历来是广州的门户。现在这里是广东省东莞市的太平镇，至今仍遗存两个15丈见方的销烟池，耸立着一座“鸦片战争虎门人民抗英纪念碑”，碑文记载着170多年前在这里发生的一切。

19世纪，英国走私船把大批鸦片偷运到中国，不仅给中国人民造成了极大的危害，更使得白银大量外流，中国国内发生严重的银荒，出现了银贵钱贱的局面。

1838年8月，林则徐给道光皇帝上了一道《宜重禁食烟以杜弊源》密折，指出：鸦片流毒天下，若不彻底查禁，则数十年后，“中原几无可以御敌之兵，且无可以充饷之银”。逆耳忠言，振聋发聩，道光皇帝当即同意采取林则徐的主张，并任命他为钦差大臣，前往广东查禁鸦片。

1839年3月10日，林则徐抵达广州，随即和两广总督邓廷桢、广东巡抚怡良、粤海关监督豫坤、水师提督关天培等密切配合，研究禁烟对策，并向各方人士了解到水师将弁贪污舞弊的一些材料。林则徐还阅读了大量有关广东地理、历史、海防、海关等方面的书籍和档案资料，并组织专人翻译外国书报，了解外国的舆论和商行、烟贩的情况，做出周密的部署。

1839年3月18日，林则徐会同督抚各大员传见行商，严正宣布禁绝鸦片的决心：“若鸦片一日未绝，本大臣一日不回，誓与此事相始终，断无中止之理。”同一天，粤海关监督发出通告，外商暂时不得离开广州。英国侵略者试图破坏禁烟，却早被林则徐看穿了诡计，他针锋相对，制订出周密的《收缴趸船烟土章程》，亲自会同邓廷桢坐镇虎门监缴。一直到5月18日，总计缴获鸦片20283箱、2119袋，净重1188.127千克。同时，他下令把大鸦片贩子颠地驱逐出境。

6月3日，虎门海滩上锣鼓齐鸣，人们成群结队赶来观看销烟壮举。在隆隆的炮声、锣鼓声和人们的欢呼声中，林则徐宣读了道光皇帝就地销毁的诏旨，随即下令开始销烟。开始几天，每天只化三四百箱。数日后，手法渐渐熟练，每天可化七八百箱至千箱不等。从6月3日开始，到25日才结束。所收缴的鸦片烟土除留下800箱样本送北京外，其余全部销毁。

在销烟过程中，林则徐出告示允许外国人前来现场观看。当时的传教士裨治文在《澳门月报》上写道："我们反复考虑销烟的每一个过程，他们在整个工作的进行时细心和忠实的程度，远远出于我们的意想，我们不能想象再有任何事情会比执行这一工作更忠实的了。"林则徐还在棚厂内接见了前来参观的外国人，向他们宣布："中国政府对今后走私鸦片，必予最严厉的惩处。"（《中国丛报》1839年5月号）

林则徐纪念像

"苟利国家生死以，岂因祸福避趋之？"诗意豪壮，胸怀坦荡，林则徐的这句诗反映了他处理公私关系上的一贯原则和爱国情怀。然而，虎门销烟的历史意义远远超出了查禁鸦片本身，它向全世界清楚地表明了中国人民反抗外来侵略的决心和力量，为中国近代史谱写了壮丽华章。

邓世昌：有公足壮海军威

邓世昌，原籍广东番禺县龙导尾乡，是清末海军杰出的爱国将领、民族英雄。邓世昌原名叫邓永昌，他的父亲希望儿子可以光耀门楣，让邓家家业昌盛。然而，在侵略者的铁蹄下，家业兴旺谈何容易？因此，他父亲将他改名为邓世昌，希望他将来为国家太平昌盛做出努力。在把英语当作“蛮夷之语”的当时，邓世昌的父亲鼓励他要学好洋文，并且义无反顾支持儿子报考驾驶专业的决定。这些无疑对邓世昌将来的人生影响很大。

邓世昌在沈葆桢开办的船政学堂攻读了五年。在这五年里，他抓紧每分每秒刻苦学习，严格要求自己。他学习了多方面的知识，包括风涛、纱线、天文、地理、测量、电算等，他不是只限于了解，而是要求自己研究精通。1873年，邓世昌和其他同学登上“健威”号练船，开始练习舰的实习。在这次实习中，邓世昌表现出实际驾驶、管理船舰很高的素质和技能，得到了沈葆桢的重视，被其任命为五品军官。

邓世昌优秀的表现还得到了李鸿章的肯定，先后被任命为“扬威”“致远”两舰的舰长。

1894年9月17日，日本舰队忽然袭击中国舰队，打响了黄海大战，担任“致远”号舰长的邓世昌奉命前往作战。战斗中，担任指挥的旗舰被击伤，大旗也被击落。邓世昌看到后，立即下令在自己指挥的舰船上升起旗帜暂代指挥，鼓舞士气。邓世昌指挥的“致远”号勇猛抗敌，在战斗中冲在最前面。他下令前后火炮一齐开火，连连击中日舰。由于“致远”号升起了旗帜，

甲午海战中壮烈牺牲的邓世昌

日舰的火力都对准了它。“致远”号受了重伤，船身开始倾斜，而此时舰上的炮弹也打光了。在这样的情形下，要么等待在日舰的炮火下死亡，要么做最后一击，邓世昌选择了与敌人同归于尽。他对部下说：“我们就是死，也要死出中国海军的威风，报国的时刻到了！”他下令开足马力向日舰冲过去。邓世昌这种大无畏的气概把日本人吓呆了。可是，就在“致远”号即将撞到日舰的时候，一发炮弹击中了它的鱼雷发射管，导致了它的沉没。舰上的200多名官兵大部分牺牲，而邓世昌也掉到了海里。有随从抛给他救生圈，然而，看着即将沉没的“致远”号，邓世昌心痛、自责，他拒绝了逃生的机会。这时候，邓世昌的爱犬“太阳”飞速游过来，死死咬住他的衣服，使他无法沉下去。可是，看到四周漂浮着他的部下的尸体，那些日夜跟随着他的兄弟啊！宁做水下魂，也不做落水狗。邓世昌狠心将“太阳”按入水中，一同沉没在浩瀚的大海中。这一年，邓世昌45岁。

邓世昌经常对士兵说：“人谁无死？但愿我们死得其所，死得值！”在民族危难面前，邓世昌用行动告诉那些侵略者，中国有着勇猛的战士，中国战士有着无惧无畏的精神！因此光绪帝亲撰挽联：“此日漫挥天下泪，有公足壮海军威。”作为我国最早的一批海军军官，邓世昌用实际行动谱写了爱国之歌。他的行为为后世海军官兵，甚至所有中国人树立了榜样。

张自忠：铁血热泪染军魂

张自忠，著名的抗日英雄，1940年殉国，是中国抗日战争中以上将集团军总司令身份为国捐躯的唯一一人，也是第二次世界大战中世界反法西斯阵营50余国战死沙场的最高将领。

张自忠出生于19世纪末，20岁考上天津法政学堂，接触到孙中山的三民主义学说之后，秘密加入同盟会。但辛亥革命的昙花一现，令他意识到，要想救国救民，必须拥有强大的武力，于是投笔从戎。

1916年，张自忠进入驻守河北廊坊的第十六混成旅旅长冯玉祥的部队，自此开始了戎马生涯。他由一名西北军中小小的见习官到排长、连长，逐步晋升为团长、旅长、师长。受冯玉祥的影响，张自忠治军严明，练兵时经常身先士卒，以身作则。

“九一八”事变后，张自忠奉命领导二十九军与日军抗战。这是张自忠有生以来第一次同日军交战。他慷慨誓师：“国家养兵千日，用兵一时，为国捐躯，重如泰山！”

但卢沟桥事变发生时，张自忠误以为日本还不至于发动全面侵华战争，为了缓解中日关系，并没有处分引起事变的日本人。由此引起了民愤和报章的笔伐，被认为是“主和派”“离汉奸只有一步之遥”。对此张自忠只是说了一句：“谁是英雄，谁是混账王八蛋，将来看事实吧！”

张自忠像

1938年3月，日军投入两个师团的兵力，分两路向徐州东北的台儿庄进发，在临沂、滕县同中国军队发生激烈的战斗。由于实力过于悬殊，中国军队伤亡惨重，急需救援。此时，张自忠奉命率第五十九军前去增援，以一昼夜180里的速度火速赶往徐州，沉重打击了日军，保证了台儿庄大战的胜利。

从1938年11月到1939年4月初，短短4个月里，张自忠率将士进行了4次中小规模的战役，歼灭日军不下4000人。在1939年5月的随枣会战中，张自忠率部杀敌4500多人，但自身也伤亡惨重。

1939年12月，张自忠率兵团参加冬季攻势，不久陷入孤军奋战。各部队要求后撤，但张自忠拒绝了："现在是军人报国的时机，我们要对得起国家，对得起民族，对得起已死的弟兄……"最终日军被杀退，蒋介石高度评价："冬季攻势以张自忠主持之襄东战场收获最为可贵，实为各战场之模范。"

1940年5月，日军集结30万大军发动枣宜会战。当时中国军队的第三十三集团军只有两个团驻守襄河西岸。张自忠作为集团军总司令，本来不必亲自率领部队出击作战，但他坚持由副总司令留守，亲自率领2000多人渡河作战。在作战之前，张自忠亲笔昭告各部队、各将领："国家到了如此地步，除我等为其死，毫无其他办法。更相信，只要我等能本此决心，我们国家及我五千年历史之民族，决不至亡于区区三岛倭奴之手。"

1940年5月1日，张自忠开始征战，一度取得暂时性胜利。之后，由于蒋介石错判形势，张自忠陷入孤军奋战，加上军方电报被敌军截获破译，部署完全被敌方掌握。危境之下，张自忠拼死抵抗了几天，部队伤亡非常惨重，自己也身受重伤。他仍然坚持指挥。苦苦支撑到5月16日下午，终被日军攻破，而他也以身殉国。

张自忠短暂的一生中，大部分时间都在抗战杀敌。他为国为民，不惜死生。周恩来评价他："其忠义之志，壮烈之气，直可以为中国抗战军人之魂。"

华侨：造福桑梓赤子心

我国有众多的海外华人华侨，他们远离祖国，却心系桑梓，经常通过资助文化教育、卫生、医疗、体育等事业和灾害赈济等方式来完成他们的心愿。其中，兴办教育是他们造福桑梓的主要途径。

著名的爱国华侨领袖陈嘉庚就是其中的典型代表。陈嘉庚青年时期就到新加坡创业，在致富之后，他首先想到的是兴学报国。他说："国家之富强，全在于国民，国民之发展，全在于教育，教育是立国之本。"所以，他将大部分财产拿出来兴办学校。

1913年，陈嘉庚开始在家乡厦门创办集美学村，包括集美小学、师范、中学、水产、航海、商业、农林等学校，还设立了幼稚园、医院、图书馆、科学馆、教育推广部。除此之外，陈嘉庚还资助福建各地中小学70余所，并提供办学方面的指导。

厦门大学里的陈嘉庚塑像

1921年，陈嘉庚又斥巨资创办厦门大学。厦门大学是全国唯一独资创办的大学。从1921年厦门大学开学以来，陈嘉庚独立维持了这所学校16年。即使陈嘉庚的企业受到世界经济不景气的打击，面对艰难困境，他仍是态度坚定地说："宁可变卖大厦，也要支持厦大。"于是，他把自己的三座大厦变卖，换取维持厦大的经费。

在陈嘉庚的事业达到顶峰时，他拥有的资产极为可观。但是，他将全部资产贡献给了国家，自己却过着非常简朴的生活。他始终坚持他的座右铭："应该用的钱，千万百万也不要吝惜，不应该用的钱，一分也不要浪费。"黄炎培曾评价陈嘉庚："发了财的人，而肯全拿出来的，只有陈先生。"曾有人估计陈嘉庚一生用于办学的款项，有美金一亿元以上。

近百年来，一片赤诚兴办教育的海外华人华侨远远不止陈嘉庚，特别是在改革开放后，无论在捐款人数、捐资总额、捐建扩建学校的数量及其规模方面，还是在捐赠的各种先进科学教学仪器及电化教学设备的数量及质量，捐建的图书馆、科学馆、体育馆及提供各类图书资料等方面，都是过去所无法比拟的。

不仅仅在教育上，海外华人华侨还通过多种途径来回馈桑梓。每年都会有大量华侨知识分子回国参加我国的建设。他们带回了先进的科学技术，为我国的科学技术事业发展做出了不可磨灭的贡献。

1978年改革开放后，许多海外华侨在内地投资企业，兴办了一批国民经济发展急需的项目，并且引进了大量的先进技术。

除了投资办企业外，海外侨胞还对祖国的公益事业表现出热情。广东是第一大侨乡，粤籍华侨华人约2000万人，港澳同胞500万人。改革开放20年间，海外乡亲捐赠物总值150亿元人民币，兴办公益事业2.6万宗。在2000年，中华全国归国华侨联合会提出了以组织捐建百所侨心学校、资助千个科教项目、万名优秀贫困学生为主要内容的"侨心工程"。"5·12"四川汶川大地震后，侨联就曾发动海外华侨华人中的爱心人士捐款捐物，为地震灾区捐建了15所学校。

/ 链 接 /

忠孝箴言

先器识而后艺文，士期端品。求忠臣必于孝子，教在明伦，人莫大焉。为君为父，天所命也。曰生曰成，始事亲，终事君，先立乎大，仰不愧，俯不怍，斯命为人，故出处殊途，而臣子一理。感禄养而报主孝，可作忠。思敬官以显亲，忠能成孝。必在家而温清，定省之无愆，斯在国而节义，廉隅之有赖。苟今日富分贫赘，待至戚如路人，必他年惜死爱钱，视居官为传舍。诸生方矢，家修将期。廷献谁无至性，甘以曾闵让，前人亦有天怀，独笑关逢非俊物。睹悖逆而色变，岂其有自外之情。谈名教而神怡，或者非由中之性。仆自惭浅学叨主名庠，夙凛冰渊，惧大伦之有愧，时勤月旦，期小补而未能。仅作忠孝二箴，思与子臣共励。做秀才而任天下，岂伊异人；居后世而仰古初，畴无同志。须铭几杖，勿等弁髦，其箴曰：

此身何来，父生母鞠。一气分形，劬劳长育。
如地斯深，如天斯覆。世衰道微，都忘水木。
私其妻孥，不念顾复。维彼愚人，其何能淑。
维此哲人，亦既诵读。曾是不思，而与众逐。
或饰其名，以欺党族。及诛厥心，罪难罄竹。
我思古人，亦有酒肉。富则三牲，贫则半菽。
养志守身，如临于谷。念兹在兹，可盟幽独。
因而显扬，勿敢尸禄。及尔受禄，君实尔成。
教尔诲尔，予尔令名。衣尔黼黻，享尔簧笙。
尔之不淑，自玷厥行。金来暮夜，则必取盈。
民之瘼矣，天道神明。窜烟谪瘴，以陨厥声。
嗟尔此日，习学于黉。岂以为利，恣尔纵横。
得时则驾，顿昧生平。古之君子，力矢忠贞。
伏虎榛莽，已志澄清。大义卓尔，皋夔自程。
致君尧舜，实大声宏。立朝如此，无忝所生。

（摘自民国《遂安县志》卷十，清代章润奇所撰）

敬业

释义

《资治通鉴》是我国第一部编年体通史，主持编写的北宋名臣司马光和助手们花费了漫长的十九年光阴，才最终完成这部皇皇巨著。在十九年里，司马光把全部精力放在这部著作上面，除了采用历代正史之外，还参看各种历史著作三百多种。书成之后，仅在洛阳存放的残稿就堆满了两间屋子。而此时的司马光身体已经十分衰弱，眼睛昏花，牙齿大多脱落。与他差不多同时代的著名文学家、书法家黄庭坚曾说："余尝观温公《资治通鉴》草，虽数百卷，颠倒涂抹，迄无一字作草。"至今我们仍可从留存的《资治通鉴残稿》中严谨整饬、作字方整的书写中见其一丝不苟的敬业精神。

一直以来，敬业都是公民的重要价值准则，也是最基本的职业道德操守。《礼记》有"敬业乐群"之说，孔子有"敬事而信""执事敬"之主张。古往今来，中国不乏敬业的优秀典型，"大禹治水，三过家门而不入"的历史传说，诸葛亮"鞠躬尽瘁，死而后已"的千古名言，无不表明爱岗敬业是中华民族的传统美德。时至今日，热爱、敬重自己的工作与事业，已经成为职业道德的灵魂，是每个公民遵循的机制价值规范之一。

"功崇惟志，业广惟勤"，敬业是人们处理职业道德问题时必须坚持的核心理念。那么，怎样可以称作"敬业"呢？

首先，敬业意味着热爱工作。热爱自己的工作和事业，是敬业精神的前提。高尔基曾说过："天才是由于对事业的热爱感而发展起来的，简直可以说，天才就其本质而论只不过是对事业、对工作过程的热爱而已。"爱业的人会保持一股积极进取的干劲、一种拼命奋斗的热情，想方设法把工作做好，做到极致。只有满怀热爱之情，公民才可能以百分百的精力投入到工作当中，才能保证有高效的产出。也只有当社会中的绝大多数人都把热爱工作当作自己的核心价值观时，才能推动整个社会的不断前进。

其次，敬业意味着勤勉努力。热爱工作只是敬业的前提和基础，除此之外，还需要将愿望转化为行动，绝不能“有其言，无其行”。有一个著名的“一万小时定律”，即认为不管做什么事，都必须坚持一万小时，才能成为该领域的专家。可见，要做到敬业，必须保持长久勤勉的精神。

第三，敬业意味着克制。古语说：“敬业者，专心致志以事其业也。”专心致志、心无旁骛是敬业的内在含义。王安石说：“人之才，成于专而毁于杂。”人的时间有限，是任其如白驹过隙般匆匆流走，还是利用好每一分钟于有益的事情上？如果人们不能克制自己休闲享乐的欲望，将工作抛到一边，敬业也便如水中月、镜中花，可望而不可即了。

在当代中国，敬业具有特殊的重要意义。党的十八大报告所倡导的社会主义核心价值观中，敬业是针对公民职业道德方面的核心要求。我们之所以要敬业，是因为国家的发展与社会的进步、团队事业的成功与组织目标的实现、个人作为与价值的实现，都有赖于此。可以说，敬业是促进社会和谐的道德基础。唯有社会成员各守其道、各司其职、各尽其责，才能形成正义的良善社会。

习近平总书记指出：“幸福不会从天而降，梦想不会自动成真。实现我们的奋斗目标，开创我们的美好未来，必须紧紧依靠人民、始终为了人民，必须依靠辛勤劳动、诚实劳动、创造性劳动。”社会主义事业是需要全国各族人民共同为之奋斗的历史伟业。中华民族实现伟大复兴的梦想，同样要靠13亿中国人努力创造的伟大实践。这个伟大事业、伟大实践，是由各个不同的具体行业和职业组成的有机统一整体，每个人都在自己特定的岗位上通过特定的职业活动来为这个事业服务，这就需要我们每个人艰苦奋斗、勤奋敬业、拼搏奉献。

/名 言/

功崇惟志，业广惟勤。

——《尚书》

素其位而行，不愿乎其外。

——《礼记》

敬业乐群。

——《礼记》

知者必量其力所能至而从焉。

——〔战国〕墨翟

用志不分，乃凝于神。

——〔战国〕庄周

良农不为水旱不耕，良贾不为折阅不市，士君子不为贫穷怠乎道。

——〔战国〕荀况

不患位之不尊，而患德之不崇；不耻禄之不伙，而耻智之不博。

——〔东汉〕张衡

人生在勤，不索何获？

——〔东汉〕张衡

鞠躬尽瘁，死而后已。

——〔三国〕诸葛亮

三更灯火五更鸡，正是男儿读书时。黑发不知勤学早，白首方悔读书迟。

——〔唐〕颜真卿

业精于勤荒于嬉，行成于思毁于随。

——〔唐〕韩愈

锄禾日当午，汗滴禾下土。谁知盘中餐，粒粒皆辛苦！

——〔唐〕李绅

春蚕到死丝方尽，蜡炬成灰泪始干。

——〔唐〕李商隐

一日不做事，一日不吃饭。

——〔唐〕百丈怀海禅师

主一无适便是敬。

——〔南宋〕朱熹

坐这山，望那山，一事无成。

——〔近代〕曾国藩

干一行，爱一行。

——俗语

门门通不如一门精。

——俗语

凡做一件事，便忠于一件事，将全副精力集中到这事上头，一点不旁骛，便是敬。

——〔近代〕梁启超

不教一日闲过也。

——〔现代〕齐白石

人的生命是有限的，可是，为人民服务是无限的，我要把有限的生命，投入到无限的为人民服务之中去。

——〔现代〕雷锋

完成工作的方法，是爱惜每一分钟。

——〔英〕达尔文

一个人若是没有热情，他将一事无成，而热情的基点正是责任心。

——〔俄〕托尔斯泰

发明是百分之一的聪明加百分之九十九的勤奋。

——〔美〕爱迪生

使事业成为喜悦，使喜悦成为事业。

——〔英〕罗素

少说些漂亮话，多做些日常平凡的事情。

——〔苏联〕列宁

认真做事只能把事情做好，用心做事才能把事情做对，要成就一件大事业，必须从小事做起。

——〔苏联〕列宁

人在履行职责中得到幸福。

——〔俄罗斯〕罗佐夫

不能爱哪行才干哪行，要干哪行爱哪行。

——〔英国〕丘吉尔

职业是天然的医生，对人类的幸福来说是根本性的。

——〔古罗马〕克劳狄安

抱着一颗正直的心，专心致志于事业的人，他一定会完成许多事业。

——〔俄〕赫尔岑

只有能够鼓足干劲工作，并懂得什么是汗水和疲劳的人，才会理解欢乐的感情。

——〔苏联〕苏霍姆林斯基

/故 事/

周公：一日三吐哺

“一日三吐哺”的故事出自《史记·鲁周公世家》。周公，本名姬旦，是周文王的第四个儿子，武王的弟弟。他是我国古代著名的政治家、军事家、思想家和教育家，被尊为儒学奠基人，曾多次辅佐周武王伐纣。因为他的封地在周国，爵位达上公，因此后人都称他为周公。

周文王在位时，周公孝顺父亲，仁爱兄弟。到武王时期，作为臣子，周公又尽心辅助国君，安定天下。由于周王朝刚刚建立，面临着严重的困难，天下还没有稳定下来，百废待兴。因此，周公没有到封地去，而是继续留在朝中。不久，周武王驾崩，将皇位传给了年幼的儿子，也就是后来的周成王。周公是辅政大臣。

一个刚刚建立的新王朝，国君又是一个不能作为的小孩，可以想象作为辅政大臣的周公任务是多么的繁重。当时，周王朝尚有内忧外患。一方面，有商朝的旧贵族准备复辟；另一方面，由于周公辅政，周室集团内部也矛盾重重。结果，商朝旧贵族与周室内部势力勾结在一起，妄想推翻周成王和周公，这就是历史上的“三监之乱”。面对这样的困境，周公果断地采取措施，他亲

周公辅成王画像石

自率领大军东征。经过了三年的艰苦斗争，周公终于平定了这场动乱。正是这次东征，才使得周王朝的根基得到有效的巩固。

平定了动乱，就该转而发展国内，使百姓过上安居乐业的日子。而这需要大量的贤能志士。因此，周公非常重视天下的贤人，常常亲自登门拜访。而有才能之士知道周公真心重视有才华的人后，也都想结交周公，希望通过他，使得自己的才华得以展现。当有贤人去周公府上拜访时，唯恐错失人才，即使周公当时正在吃饭，他也会立马吐出口中的食物去接见对方，不愿让人家等一分钟。这就是“一日三吐哺”的典故。从这个典故中，周公为国为民、恪尽职守的忠心就可见一斑了。

周公作为辅政大臣，忠心不二地辅佐周成王，平定动乱，治理国家。他没有任何妄想，没有丝毫抱怨，为国为民，尽心尽力，终究没有辜负武王的重托，没有辜负“辅政”的职责，可谓是鞠躬尽瘁，死而后已。

司马迁的绝唱

司马迁，字子长，西汉夏阳（今陕西韩城南）人，是我国西汉伟大的史学家、文学家、思想家，撰写了中国第一部纪传体通史《史记》。关于司马迁创作《史记》的背景，很值得一说。

司马迁的父亲司马谈在宫中担任太史公。公元前108年，司马谈死后的第三年，司马迁继承父亲的职位，也成为一名太史公。受到父亲的影响，司马迁打算编写一部像《春秋》一样伟大的史书。于是，他开始阅读、整理史料，为著《史记》做准备。公元前104年，司马迁42岁，他开始著述《史记》。

司马迁专注地进行了三年的创作，可是，在第四年，他因为说了一句公道话，命运之轮开始改变。

公元前100年，苏武出使匈奴被扣留，李陵主动请缨带兵讨伐匈奴。可是，一年后，李陵战败被俘虏。大臣们纷纷猜测李陵是因为贪生怕死而投降，汉武帝问司马迁如何看。身为太史公，司马迁觉得有必要说出自己的意见，于是他坦白地说出了自己的真实想法，他觉得李陵没有自杀谢罪肯定是想将来将功赎罪报答朝廷。司马迁没有想到，他的坦白，为自己招来了杀身之祸。

汉武帝听后勃然大怒，他觉得司马迁为李陵辩护，是存心反对朝廷。于是，他下令将司马迁关进监狱，听候发落。不久，关外传来消息，说李陵带领匈奴兵攻打汉朝，汉武帝信以为真，下令判处司马迁死刑。汉朝有两种方法可以免除死刑：用50万钱交换，或者接受宫刑。一生清白处世的司马迁哪里能拿出那么多的钱来！可是，宫刑又是个奇耻大辱。在当时，若一个人接受宫刑，他不仅侮辱了祖先，还会被世人耻笑。摆在司马迁面前的，似乎只有两条

司马迁像

路：要么死，要么接受宫刑！“命运为何这么残酷？我只不过是说了一句公道话，何至于此！何至于此啊！”司马迁感到愤怒、不甘，他想就此一死保全自己的尊严、祖辈的尊严。可是，他又想到了《史记》，“可是，身为太史公，我有义务记录历史啊！”最后，司马迁为了完成《史记》，忍辱负重，选择了宫刑。

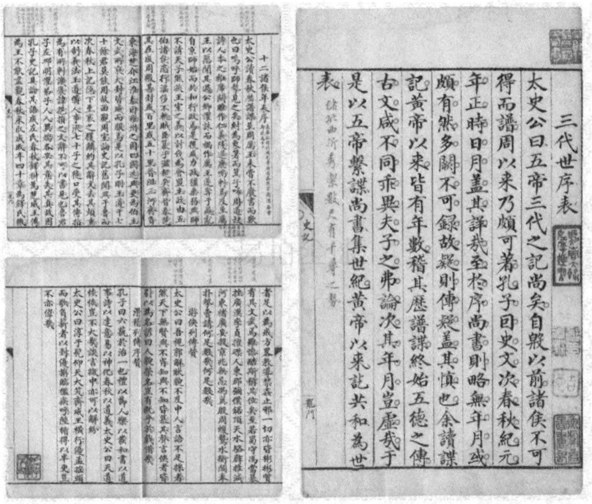

三代世序表

太史公曰五帝三代之記尚矣自殷以前諸侯不可得而譜周以來乃頗可著孔子因史文次春秋紀元年正時日月蓋其詳哉至於序尚書則略無年月或頗有然多闕不可錄故疑則傳疑蓋其慎也余讀諜記黃帝以來皆有年數稽其歷譜諜終始五德之傳古文咸不同乖異夫子之弗論次其年月豈虛哉于是以五帝繫諜尚書集世紀黃帝以來訖共和為世表

《史记》册页

宫刑的屈辱让司马迁的身体和心灵上忍受着巨大的痛苦。凭借顽强的意志力，用整个生命奋发编著《史记》。终于，经过十几年的呕心沥血，司马迁完成了《史记》这部伟大的著作。《史记》全书130篇，共五十二万六千多字，被公认为是中国史书的典范，是“二十五史”之首，鲁迅称赞其为“史家之绝唱”。

诸葛亮：鞠躬尽瘁报知遇恩

诸葛亮在中国广为人知，有关他的故事如“三顾茅庐”“草船借箭”“空城计”等在民间流传甚广。“出师一表真名世，千载谁堪伯仲间”。他一生为了报答刘备的知遇之恩，真正做到了“鞠躬尽瘁，死而后已”。

早年诸葛亮隐居山林，却胸有大计，对天下大势了然在握。因此刘备不惜纡尊降贵，“三顾茅庐”请他出山。最终，诸葛亮被刘备的诚意打动，答应出山辅政。

士为知己者死。因为感激刘备的知遇之恩，诸葛亮不辞辛苦，尽心尽力地为刘备出谋划策。有了诸葛亮的帮助，刘备如鱼得水，实力不断强大，最终于公元221年登基称帝，并任命诸葛亮为丞相。

不久，刘备病重，弥留之际，他召回诸葛亮说：“你的才能远远超过曹丕，必定能够安顿国家。如果刘禅可以辅助，你就像辅助我一样继续辅助他；如果他实在没有能力，你可以取而代之。”诸葛亮不禁泪涕交加，他向刘备保证：一定尽股肱的力量，报效忠贞的气节，直到死为止！

公元223年，刘禅继位，诸葛亮被封为武乡侯。实际上，刘禅是个“扶不起的阿斗”，当时的蜀国政权基本掌握在诸葛亮手中。当时，与诸葛亮同时受刘备托孤的李严建议他像曹操那样晋爵封王，以此来提升自己的身份。诸葛亮听到这些话很生气，将李严狠狠地批评了一顿。

诸葛亮像

为了报答先帝的知遇之恩，完成先

帝光复汉室的意愿，诸葛亮决定发动北伐战争。在临行前，他给后主刘禅呈上《出师表》。在文中，诸葛亮言辞恳切，他劝说后主要继承先帝遗志，广开言路，赏罚分明，亲贤远佞，完成兴复汉室的大业，字里行间透露出他对先帝知遇之恩的感激以及效忠刘氏父子的忠心。

公元228年，诸葛亮派遣赵云等人率领一支军马迷惑魏军，而他自己则率领主力向祁山发起进攻。在这场战争中，诸葛亮任命参军马谡为军队先锋，驻守街亭。但马谡因为刚愎自用，不听人劝，导致街亭失守，蜀军失去了街亭这个前进的据点，只好退回汉中。马谡是诸葛亮一手提拔起来的，诸葛亮很器重他。可是，为了稳定军心，让众将心服，他忍痛处置了马谡，并且上奏后主自贬三级。到公元234年，诸葛亮发动第五次北伐。但是因为操劳过度，他患上了疾病，最终病死在五丈原。

为了不让军心涣散，诸葛亮交代遗言，秘不发丧，命令众将缓缓退兵。诸葛亮还立下遗嘱，将他的遗体葬在汉中定军山，下葬时不要其他金银财宝陪葬，只要平时穿的衣服就足够。

诸葛亮被刘备请出山时27岁，死时才54岁。诸葛亮用了他一半的生命向世人诠释了“鞠躬尽瘁，死而后已”这句话。身为丞相，一人之下万人之上，本该享有荣华富贵，可他生前却没有任何多余的财产，只有800株桑树和15顷土地，连他的儿子都是自给自足……

诸葛亮流传至今的故事虽然不少是“演义”，然而他“鞠躬尽瘁，死而后已”的精神却是真实的存在，沛然充塞天地，值得世世代代的人们推崇、敬仰！

李时珍：27年编就《本草纲目》

李时珍，是我国明代伟大的医学家、药物学家，曾经花了27年的时间，参考历代有关的医药书八百余种，并以实物验证，编成了药物学巨著——《本草纲目》。

李时珍出身于医学世家，祖父、父亲都是地方名医。自小的耳濡目染让他酷爱医学，经常跟着父亲去诊所学习。几年之后，李时珍就成了一名很有名望的医生。

有一天，李时珍正在诊治病人，忽然一伙人拉着一个江湖郎中，来请他评理。原来，有人吃了这个郎中开的药，病情反而更加严重了。李时珍调查后发现，是医书把漏蓝子和虎掌混为一谈了。之后，又接连发生了几起病人服错药送命的案例。李时珍才发现，古医药书虽然蕴含着丰富的知识和宝贵的经验，但也存在着一些漏误。若不及早订正，以讹传讹，轻者会耽误治病，重者要害人性命啊！此时，他的心中萌发了一个想法——重修本草。

可是，重新修订古医书谈何容易！李时珍决定先静下心来研究古医书，为以后重修本草积累基础。在接下来的十年中，他熟读了大量古典医籍以及历代名家著述和关于花草树木的书，单是笔记就装了满满几柜子。

1551年，明宗室武昌楚王聘请李时珍到王府任职，不久李时珍又受他推荐，进入太医院。太医院是明王朝的中央医疗机构，拥有大量外界罕见的珍贵医书资料和药物标本。李时珍一头扎进了书堆，夜以继日地研读、摘抄和描绘药物图形。与此同时，他多次向院方提出编写新本草的建议。然而，他的建议不仅未被采纳，反而遭到无端的讥讽、挖苦。李时珍很快便明白，这里绝非自己用武之地，于是毅然告病还乡。

1552年，35岁的李时珍开始重修本草。为了弄清楚药物的性状、习性和生长情形，他决定进行实地采访调查。于是，李时珍穿上草鞋，背起药筐，深入山间野地，访遍民间名医，搜求民间验方，观察和搜集药物标本。除湖广外，李时珍先后到过江西、江苏、安徽、河南等地，足迹遍及大江南北，行程达两万余里。在搜集药物标本的过程中，他为了弄清药物的毒性，时常以身试毒。

在武当山上采集标本时，李时珍发现了曼陀罗花。曼陀罗花是华佗配制

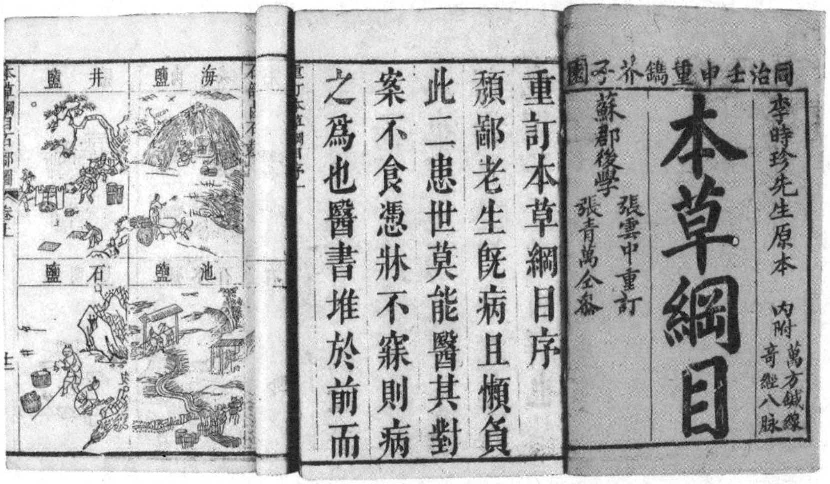

清代印行的《本草纲目》

麻沸散的名药，而麻沸散早已失传。他很兴奋，为了弄清曼陀罗花的毒性以取得可靠验方，李时珍冒着生命危险，亲口尝试，证实了它的麻醉作用，并把它同火麻子花配合，制成了手术用的麻醉剂。

一路上，李时珍不仅考察搜集标本，还到处行医治病。有位老婆婆患习惯性便秘达30年之久，李时珍运用从民间学来的偏方，以适量的牵牛子配成药，很快就治好了她的病。还有个妇女鼻腔出血，一昼夜不止，李时珍用大蒜切片敷贴患者的足心，不大工夫血就不流了。这个方子，也是他从民间取得的。李时珍深切地感受到，在这天地间，到处都充满着知识。

1578年，李时珍完成了《本草纲目》的编写。《本草纲目》全书约有200万字，编入药物1892种，其中新增药物374种，并且附有药方10000多个，插图1000多幅。它纠正了前人的许多错误，成为中国药物学的空前巨著，被公认为“东方医学的巨典”。19世纪著名生物学家达尔文曾评价《本草纲目》，说它是中国古代医学的“百科全书”。

1593年，李时珍逝世，享年75岁。他的一生，全部奉献给了医药方面。作为一个医生，他济世救民，为了挽救千万人的性命，历尽艰辛重修古医书，可谓是精诚大医。

周恩来：呕心沥血为国民

在小学课本上有一篇课文，叫作《一夜的工作》，它是从作家何其芳的《回忆周恩来同志》中节选出来的，讲述的是作者在陪同周恩来总理审阅一篇稿子时，目睹了周总理一夜的工作情形。

当何其芳走进周总理的办公室时，原本以为里面的陈设也必定会体现出一国总理的气派、威严，可是他看到的是一个陈设极其简单的办公室，·里面只有一张不大的写字台、一盏台灯、两把小转椅。这样简朴的办公室，体现出的是周总理节约、简朴的生活作风。在周总理的写字台上，是一叠一尺来高的文件，而这些是周总理一晚的工作。周总理将何其芳的文件放在了最后，他没有搞特殊化，而是按照文件的轻重缓急来批阅。他要求作者先睡一会儿，而他自己却没有休息的打算。没有休息，没有陪同人员，周总理在寂静的深夜独自一人伏案工作。不知工作了多久，何其芳被叫醒，因为周总理要咨询他的意见。何其芳坐在总理的对面，看着总理一句一句仔细地审阅稿子，看完一句就用笔在那句后面画上一个圆圈。周总理不仅仅是浏览一遍就算了，他一边看一边思索，有时候还会停笔想一想，有时候问问作者的意见。很久之后，总理才把一篇简短的稿子审完。

审完稿子后，公鸡已经开始叫鸣，这也就是说，总理工作了将近一晚上，而第二天，他还有活动要参加……这不是特殊的一个晚上，而是很普通的工作夜，周总理每晚都是这样工作的，这就是中华人民共和国的总理！

工作中的周恩来

周恩来身为一国的总理，总是忘我地坚守在总理这个光荣而又艰巨的岗位上。他一生勤勤恳恳、呕心沥血，经年累月地每天工作十八个小时以上，忙起来的时候，甚至通宵达旦。即使是晚年因患癌症住院治疗，周总理仍坚持每天工作。从1974年6月1日至1976年1月8日逝世，在他生命最后的五百八十七天，总理找人约人谈话二百二十七次，有时会见外宾后还留下陪人谈话，谈话时间最长达四小时二十分钟。会见外宾五十六次，每次会见都在一个小时左右，最短的一次也有十五分钟。开会三十二次，一次会议最长时间可开三小时四十五分钟……其间，他还经常看文字资料，批阅文件，看书等。

周总理常说一句话："死我并不怕。古人说，人活七十古来稀，我已是七十七岁多的人了，也算得上是高寿了。可是在这二十几年的时间，总应该把国家建设得好点，人民的生活多改善一些，去马克思那里报到，才感到安心。现在这种状况去报到，总感到内疚、羞愧。"

周总理经常工作起来顾不上吃饭，实在饿得受不了了，就用开水泡几块饼干了事。即使是在除夕夜，他仍坚持工作。周恩来曾说"应该像头牛一样努力奋斗""为人民服务而死"，他真的做到了！逝世前，周总理交代把他的骨灰撒到江河大地去做肥料，因为，这也是为人民服务。

焦裕禄：鞠躬尽瘁的好公仆

焦裕禄，被誉为“党的好干部”“人民的好公仆”。他用自己的实际行动，铸就了亲民爱民、艰苦奋斗、科学求实、迎难而上、无私奉献的“焦裕禄精神”。

1962年，焦裕禄被调到河南省兰考县担任县委书记。当时的兰考县正遭受严重的内涝、风沙、盐碱三大害。这一年，春天风沙打毁了20万亩麦子，秋天水涝淹坏了30万亩庄稼，盐碱地上有10万亩禾苗被碱死，全县的粮食产量下降到历史的最低水平。

为改变兰考面貌，他抽调20名干部、老农和技术员，组成一支三结合的“三害”调查队，在全县展开了大规模的堵洪水、查风口、探流沙的调查研究工作。他带领大家跋涉5000里，查清了全县大小风口84个，逐个进行了编号、绘图，为防灾抗灾积累了第一手资料。

在1963年夏天的一个深夜，焦裕禄刚看完文件，准备睡觉。忽然狂风呼啸，大雨倾盆，他披上雨衣就出去了。爱人和孩子在火车站找到了他，问:“你一个人出来，怎么不吱一声？”焦裕禄说:“我出来看一下县城里的水能不能排出去，城关镇有些群众的住房不牢固，我去转了一圈看看。”第二天天

焦裕禄工作场景画

不亮，焦裕禄又要马上开县委常委会，安排全县干部群众排水。会后，焦裕禄依然没有去休息，他脱去鞋袜，卷起裤腿，打着雨伞，带领3位同志又赶往水灾最严重的社、队。

1963年秋，兰考连续下了13天雨，全县11万亩秋粮歉收，22亩受灾。他组织全县干部群众全力抢灾救灾。他带领干部，走村串户，访贫问苦，把人民政府的救济粮款给受灾群众送上门。

1963年12月13日的晚上，北风呼呼叫，小雨下个不停。焦裕禄身披雨衣，提了2斤羊肉、2斤红糖、3斤大红枣、5斤黄豆，到土山寨村农民郭汪民家。他敲了敲门说:“大娘，我来看您老人家啦！”郭大爷开了门，一看是焦裕禄，感激地说:“老焦，天这么晚你怎么又来了！”焦裕禄坐在大娘床头说:“大娘的病好点了吧？我今天去红庙，听医生说，羊肉、红枣、红糖、黄豆放在一起熬汤喝，可以治浮肿病，我特意给您带点来试试。”

焦裕禄在工作时时刻谨记自己“干部”的身份，事事抢在群众的前面，希望给大家做个好榜样。可是，在生活中，他却从没有享受过作为一个干部的特殊待遇。他的生活比一般的百姓还困难。1964年2月11日至28日，经上级党组织批准，焦裕禄到山东省淄博市北崮山村探望老母亲，这是他参加革命后离家17年的第一次探亲。

1964年春天，一直受到肝癌折磨的焦裕禄病情恶化，家人、领导都劝他住院治疗，可他却以“工作忙离不开”为由拒绝去医院。医生开了药方，他嫌药贵不肯买，继续坚持下乡工作。当他躺在病床上时，仍在思考如何撰写改变兰考面貌的文章。在生命的最后，他仍然惦记着张庄的沙丘封住了没有，赵家楼的庄稼淹了没有，秦寨的盐碱地上麦子长得怎么样，老韩陵地里的泡桐树栽了多少。

同年5月，焦裕禄因肝癌急性复发逝世，他临终前对组织上唯一的要求，却是死后“把我运回兰考，埋在沙堆上。活着我没有治好沙丘，死了也要看着你们把沙丘治好”。

/链　接/

称职在勤

吕氏当官三字：曰清、曰慎、曰勤。所谓三岁孩子道得，八十岁老翁做不尽者。尝与同官王蓬心先生论三事次第。先生以清为本，同官唯唯。余谨对曰："殆非勤不能。"先生曰："何故？"则又对曰："兢兢焉，守绝一尘矣。而宴起昼寝，以至示期常改，审案不结，判稿迟留，批词濡滞，前后左右之人，皆足招摇滋事，势必不清，何慎之有？"先生曰："诚知君之得力有自也。"因为同官交勖焉。凡余《臆说》，力求称职之故，固无一不恃乎勤也。

（摘自汪辉祖《学治臆说》，题为编者所加）

梁启超说"敬业"

第一要敬业。敬字为古圣贤教人做人最简易、直捷的法门，可惜被后来有些人说得太精微，倒变了不适实用了。惟有朱子解得最好。他说："主一无适便是敬。"用现在的话讲，凡做一件事，便忠于一件事，将全副精力集中到这事上头，一点不旁骛，便是敬。业有什么可敬呢？为什么该敬呢？人类一面为生活而劳动，一面也是为劳动而生活。人类既不是上帝特地制来充当消化面包的机器，自然该各人因自己的地位和才力，认定一件事去做。凡可以名为一件事的，其性质都是可敬。当大总统是一件事，拉黄包车也是一件事。事的名称，从俗人眼里看来，有高下；事的性质，从学理上解剖起来，并没有高下。只要当大总统的人，信得过我可以当大总统才去当，实实在在把总统当作一件正经事来做；拉黄包车的人，信得过我可以拉黄包车才去拉，实实在在把拉车当作一件正经事来做，便是人生合理的生活。这叫做职业的神圣。凡职业没有不是神圣的，所以凡职业没有不是可敬的。惟其如此，所以我们对于各种职业，没有什么分别拣择。总之，人生在世，是要天天劳作的。劳作便是功德，不劳作便是罪恶。至于我该做哪一种劳作呢？全看我的才能何如、境地何如。因自己的才能、境地，做一种劳作做到圆满，便是天地间第一等人。

（摘自梁启超《敬业与乐业》）

诚 信

/释 义/

北宋时期著名的文学家和政治家晏殊，14岁被地方官作为“神童”推荐给朝廷。本来他可以不参加科举考试便能得到官职，但他还是决定参加考试。事有凑巧，那次的考试题目是他曾经做过的。于是晏殊请求主考官另外出题。拿到新题目后，他胸有成竹，援笔立就，让主考官击节赞赏，连称奇才。宋真宗听闻后召见了晏殊，称赞说：“你不仅有出众的才华，更重要的是，具有诚实不欺的好品性啊！”遂拔擢他为秘书省正字，后来晏殊更官至宰相。

诚信是人类社会一路走来所秉持的优良传统。何谓诚信？一言以蔽之，以真诚之心，行信义之事。《礼记·祭统》有言：“是故贤者之祭也，致其诚信，与其忠敬。”但在最开始，“诚”和“信”是分开使用的。

“诚”即真实与诚恳。真实是指不有意歪曲客观事物的本来面貌，要忠于现阶段对事物的认识。诚恳是指不有意歪曲自己主观意图的本来面貌，不论出于何种原因，都不应去歪曲自己。因此，“诚”包含了对外与对内两个范畴的态度。

“信”字由人字旁加一个“言”字组成，指的是人要说话算数，遵守承诺，言而有信，对自己的话负责，所谓“言必信，行必果”。在古代，信一开始是指在祭祀时人对神灵所说的话。由于古人认为神灵支配着自然和统治着人类，因此祭祀时说的话就格外受到重视，必须遵守。后来，这种意义扩展开来，由对神信守诺言，到对所有说过的话都要说到做到。

诚与信是一组辩证统一的关系。首先，两者之间也是有所区别的：诚是不能歪曲主观和客观的实际情况，更强调静态的事实，是一种内在的修为；信是不能违背自己的诺言，更强调动态的坚守，是一种外在的表达。其次，两者的联系也是密不可分的：诚是信的基础，信需要通过诚来加以确认。因此，诚信长久以来被人们放在一起连用。在我国，最早将“诚”与“信”连在一起使用的是《逸周书》：“成年不尝，信诚匡助，以辅殖财。”“父子之间观其孝慈，兄弟之间观其友和，君臣之间观其忠惠，乡党之间观其信诚。”这里的“信诚”，表达的就是“诚信”的意思，强调人与人之间应该真诚相待。

诚信是人类自古传承的优良道德品质，是做人做事的道德底线，是公民道德的基石，也是社会正常运行不可或缺的条件。在建设中国特色社会主义过程中，必须加强公民的诚信品质。尤其是在现代社会，诚信能够最大限度地减少社会生活中的各种摩擦、风险和代价，降低整个社会的运行成本，能够减少各种失信越轨行为的发生，构建良好的人际环境，可以建立相互信任的正规秩序，避免欺骗和人际关系的恶化，成为推进和谐社会建设的道德基础。诚信更是市场经济中每一个主体所必备的道德品质之一，也是市场经济健康发展的本质要求和内在动力，它与市场经济秩序有内生统一关系。

2014年国务院印发了《社会信用体系建设规划纲要（2014—2020年）》，其作为我国首部国家级社会信用体系建设专项规划，阐明了推进诚信建设的目标任务、重点领域和实现路径。在经济社会双重转型的时代，这个行动指南具有里程碑的重要意义。由此可见，诚信建设需要制度化、规范化和长效化，唯有如此，才能真正形成不能失信、不愿失信、不敢失信的机制，让守信走遍天下，失信寸步难行。

国以诚立心，人以诚立身。诚信是道德之基，要立足培育和践行社会主义核心价值观这个根本，以建立健全社会信用体系为重点，坚持教育引导与依法监管相结合，坚持集中整治与建立长效机制相结合，提高全社会的诚信意识和信用水平，为经济社会持续健康发展提供有力道德支撑。

/名 言/

修辞立其诚。

——《周易》

轻诺必寡信。

——《老子》

君子诚以为贵。

——《礼记》

人而无信，不知其可也。

——〔春秋〕孔子

言必信，行必果。

——〔春秋〕子路

与朋友交，言而有信。

——《论语》

民无信不立。

——《论语》

失信不立。

——《左传》

志不强者智不达，言不信者行不果。

——〔战国〕墨翟

诚信者，天下之结也。

——〔战国〕墨翟

真者，精诚之至也，不精不诚，不能动人。

——〔战国〕庄周

言无常信，行无常贞，惟利所在，无所不倾，若是则可谓小人矣。

——〔战国〕荀况

内外相应，言行相称。

——〔战国〕韩非

一诺千金。

——〔西汉〕司马迁

人背信则名不达。

——〔西汉〕刘向

以信接人，天下信之；不以信接人，妻子疑之。

——〔晋〕畅泉

忠为衣兮信为裳。

——〔唐〕卢照邻

三杯吐然诺，五岳倒为轻。

——〔唐〕李白

一言为重百金轻。

——〔北宋〕王安石

忠者不饰行以徼荣，信者不食言以从利。

——〔北宋〕王安石

守正直而佩仁义。

——〔南宋〕朱熹

凡出言，信为先，诈与妄，奚可焉。

——〔清〕李毓秀

开诚心，布大度。

——〔近代〕康有为

内不欺己，外不欺人。

——〔近代〕弘一法师

对人以诚信，人不欺我；对事以诚信，事无不成。

——〔现代〕冯玉祥

做老实人，说老实话，干老实事，就是实事求是。

——〔现代〕邓小平

说谎话的人所得到的，就只是即使说了真话也没人相信。

——〔古希腊〕伊索

没有诚信，哪来尊严。

——〔古罗马〕西塞罗

生命不可能从谎言中开出灿烂的鲜花。

——〔德〕海涅

遵守诺言就像保卫你的荣誉一样。

——〔法〕巴尔扎克

诚实是人生的命脉，是一切价值的根基。

——〔美〕德莱赛

欺人只能一时，而诚实却是长久之策。

——〔英〕约翰·雷

人如失去了诚实，也就失去了一切。

——〔英〕黎里

信用既是无形的力量，也是无形的财富。

——〔日〕松下幸之助

/故 事/

司马光剥核桃：言传身教立诚信

“曾子杀猪”是古代父母教育小孩诚信的经典例子，说的是身为父母，对孩子要诚实守信，对自己的行为负责。同样的，孩子也必须对父母讲诚信，这里讲一个司马光剥核桃的故事。

司马光，字君实。而他也真正做到了人如其字——“实”。幼年的司马光以砸水缸救孩子广受赞誉。一个秋天的下午，司马光捡来很多核桃，可是核桃皮厚且非常坚硬，根本吃不了。于是他找姐姐帮忙。但是姐姐试了很多方法都无济于事，生气地跑掉了。

这时候，恰好一个仆人走过来，看到司马光在发呆，感到有些奇怪，就过来询问。听完原因后，她把司马光带进屋子里，把核桃放进开水里烫一烫，然后用小刀一刮。这样，核桃壳一下子就掉了，她把一个完整的核桃仁交给司马光。司马光拿着核桃仁，惊奇地欣赏着，正巧被走过来的姐姐看到。她问司马光：“你是怎么剥掉核桃壳的？”司马光晃了晃脑袋，得意地说：“是我自己用手弄掉的。”

姐姐知道弟弟聪颖过人，前不久他还砸破水缸，救出落水的小朋友呢。于是就信以为真，连连称赞说：“好弟弟，你真聪明，但你究竟是怎样弄掉的，教教我吧。”司马光只是兜圈子，不愿改口。

坐在书房里读书的父亲将屋外发生的事情看得一清二楚。他放下书本，走到屋外，看着司马光的眼睛问：“这核桃仁是你剥的吗？”父亲一问，司马光脸就红了，低下头去。父亲要求司马光把核桃仁是怎样剥出来的真实情况讲给姐姐听。司马光不得不老老实实地和盘托出。

父亲看到司马光没有撒谎，很满意，就告诉他说：“一个人聪明是好事，但如果仰仗聪明就说谎骗人，就不是好孩子。我希望我的儿子不仅聪明，还要永远做一个诚实的人。”

听到父亲的教诲，司马光意识到了自己的错误，并且向父亲承诺，以后绝不会再犯这种错误。从此，他做每一件事都会遵守诚信的原则。有一次，司马光要卖一匹马，这匹马毛色纯正漂亮，高大有力，性情温顺，只可惜夏季有肺病。司马光对管家说："这匹马夏季有肺病，这一定要告诉给买主听。"管家笑了笑说："哪有人像你这样的呀？我们卖马怎能把马的毛病说出来！况且这个毛病人们还看不出来。"司马光不认同管家这种看法，对他说："一匹马卖多少钱事小，对人不讲真话，坏了做人的名声事大。我们做人必须得要诚信，要是我们失去了诚信，损失将更大。"管家听后惭愧极了。

司马光像

父亲的教育让司马光受益终生。他后来成为一位伟大的史学家和政治家，即使对皇帝权贵也不说违心的话，赞成就是赞成，反对就是反对。他对当朝宰相王安石提了很多尖锐的意见，但王安石也由衷地赞许司马光的诚实。

一饭之恩：不以位尊失诚信

韩信出身贵族，但后来家境沦落，潦倒不堪，他从小便靠着别人的接济勉强过活。当时，下乡南亭亭长见韩信言行举止中透出一股非凡的气质，觉得他并非凡夫俗子，便让韩信到他家吃饭。但是接连几个月的吃闲饭，让南亭亭长的妻子对他产生了很深的厌恶。一天早晨，亭长的妻子把饭做好，就张罗家人吃完了，没有留下韩信的饭。韩信一早去赶饭，却扑了个空，而亭长妻子也没有要给他做饭的意思。韩信知道自己蹭饭遭人家嫌弃了，也明白他们的用意，于是，一怒之下，一言不发，就跑出去了，没有再回来。

离开南亭亭长家的韩信并没有其他地方可以蹭饭，于是他来到城下钓鱼，希望可以钓到几条鱼来充饥。河边正好有几位老大娘在漂洗（她们被称为“漂母”），其中有一位漂母看见韩信面黄肌瘦，就问他家庭情况，韩信就将自己悲惨的经历告诉这位漂母。漂母很怜悯他，就每天将自己的饭分一半给韩信。几十天都如此，直到她们漂洗完毕。韩信知道漂母的生活也好不到哪里去，可是她还这样无私地帮助自己，很感动，于是对漂母说：“我将来富贵了，一定要重重地报答您老人家！”漂母生气地说：“我给你饭吃，是看你可怜，不是为了图你报答！”

“漂母饭信”主题的扇面

在楚汉之争中，韩信因辅佐刘邦夺得天下，被封为淮阴侯。有权有势的韩信没有忘记当年的承诺，他派人四处打听这位漂母的下落，找到她，不但送上了千金，还把她接到自己的宫殿，像对待亲生母亲般孝敬。

韩信功成名就时，依然记得当初的诺言，可见他是个诚信之人。一个人在落魄之时，感激他人的恩惠，这很平常。但当他地位大大提高后，还能记住曾经卑微时许下的诺言，还能够做一个诚实守信的人，这就很令人敬佩。

千金答漂母的韩信使人们明白了：不以位尊而忘卑，对待每个人都应报以诚信。古代，“君无戏言”，是帝王对天下人的诚信；“一言九鼎”，是人与人之间的诚信。

历史上评价一个人，关键不在于他的学识和身份，而是他的人品。有德有才者，谓之君子也；有德无才者，谓之贤人也；有才无德者，谓之小人也。韩信被后人铭记的不只是他的功绩，更是他的诚信。

季布一诺千金

《史记·季布栾布列传》中有“得黄金百，不如得季布一诺”，这句话演变成了后世常用的成语——一诺千金。

楚汉相争时，季布曾经是项羽的部将，他很会打仗，几次让刘邦吃了败仗，弄得刘邦很狼狈。刘邦夺取天下后，每每想起败在季布手下的事，就十分生气。愤怒之下，刘邦下令缉拿季布，并下令胆敢窝藏者，论罪要灭三族。

季布平时性情耿直，为人非常仗义。在刘邦下令缉拿季布时，许多仰慕他的人都在暗中帮助他，其中就有一个姓周的人家，冒着灭三族的危险藏匿了季布。周家把季布的头发剃掉，用铁箍束住他的脖子，穿上粗布衣服，把他放在运货的车里，将他和周家的几十个奴仆一同出卖给鲁地的朱家。

朱家在关东一带非常有名望，素以“任侠”闻名。他们都知道季布，仍然不动声色地将他留了下来，把他安置在田间耕地。朱家再三告诫自家孩子说：“田间耕作的事，都要听从这个佣人的吩咐，一定要和他吃同样的饭。”不仅如此，朱家还专程到洛阳去找汝阴侯夏侯婴，请他为季布说情。

夏侯婴从小与刘邦就很亲近，后来跟刘邦起兵，转战各地，为刘邦建立

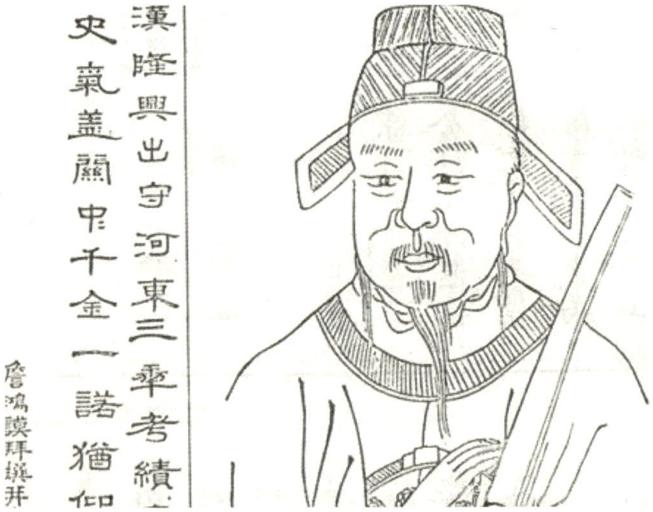

季布像

汉王朝立下了汗马功劳。他觉得朱家说得很有道理，终于说服刘邦撤销了对季布的通缉令。在季布表示服罪后，刘邦还任命他做了郎中。

当时，季布有一个同乡叫曹邱生，专爱结交有权势的官员，他听说季布又做了大官，一心想结交他。但是季布听说过关于曹邱生的事情，很讨厌他。窦皇后的哥哥窦长君知道季布对曹邱生印象不好，劝他不要去见季布，但曹邱生坚持要窦长君介绍。窦长君无奈，只好勉强写了一封推荐信。

季布听说曹邱生要来，就虎着脸，准备发落几句。谁知曹邱生一进厅堂，不管季布的脸色多么阴沉，话语多么难听，立即对着季布又是打躬，又是作揖，说："我们楚地有句俗语，叫作'得黄金百，不如得季布一诺'。您是怎样得到这么高的声誉的呢？您和我都是楚人，如今我在各处宣扬您的好名声，这难道不好吗？您又何必不愿见我呢？"

季布听了曹邱生的这番话，留下他住了几个月，作为贵客招待。临走时，还送给他一笔厚礼。曹邱生受季布的影响，也说到做到，每到一地，就宣扬季布如何礼贤下士，如何仗义疏财。于是季布"一诺千金"的名声也越来越大。

吃枣留钱颂诚信

北宋时期，有一个叫查道的读书人，他奉父母之命，带着礼物去看望远方的亲戚。于是，一大早，他就和仆人两个挑着礼物上路了。路途遥远，天气炎热，没有多久，他们就消耗了大量体力，饥肠辘辘。可是，路上前不着村后不着店的，方圆几里也看不到一家饭店。饥饿实在难耐，于是仆人向查道提议说："既然四处都找不到食物，我们干脆从礼物中拿出一点东西来吃吧！反正老爷夫人也不会知道，而且我们也是在无奈的情况下才会这么做。"

查道一口就拒绝了仆人的提议，说道："那怎么行呢！这些礼物既然是送给别人的，那就属于别人的东西了。我们怎么可以在没有经过别人允许的情况下偷吃别人的东西。"见查道态度坚决，仆人只好作罢。主仆二人只好忍受饥饿，继续赶路。

不多久，两人眼前出现了一个枣园，枣树上挂满了熟透的大枣，这对于饿坏了的主仆二人，实在太有诱惑力了。仆人放下礼物，飞奔到枣树下，他迫不及待地摘下几颗枣子就往嘴里塞。查道环顾了一下四周，发现没有一个人，于是马上阻止仆人。仆人可怜巴巴地望着查道，说："这么大片的枣园，我们吃几颗枣子又有什么关系呢？何况，再不吃点东西我实在走不动了。"这时候，查道的肚子咕咕地叫了几声，他也很饿。望了望前方，仍然没有村落的迹象，他想到如果不吃点东西，也无法继续赶路了。于是，走上前去和仆人一起吃枣子充饥。

两人吃完枣，查道拿出一串钱，吩咐仆人挂到枣树枝上。仆人很好奇，问主人："这是要做什么？"查道回复道："我们吃了人家的枣子，应该付钱。"仆人笑起来，劝解说："没有这个必要吧！枣园主人又不在，而且又没有人看到，我们何必浪费这个钱呢？"听到仆人这么说，查道不高兴了，他严肃地说："首先，我们在枣园主人不在的情况下摘别人的枣子吃，这就不对。如果吃完还不给钱，我们又怎么谈诚实守信？诚信，是一个人的道德基础。而我们不仅要在人前讲诚信，在人后更要坚守诚信的原则。"仆人听后，恍然大悟，他心里一股对主人的敬佩之情油然而生。说完，主仆二人又动身赶路，只是这次，他们没有了一点疲惫之感，脚步也不自觉地轻盈了不少。

诚信，是中华民族的传统美德。如查道所说，诚信不分人前人后，也不应分何时何地。我们讲究诚信，就要做到无论是对待大事还是小事，对待熟人还是陌生人，都要坚持这个原则。

李苦禅：有信于己的诚信

李苦禅，原名李英杰，山东高唐人，现代书画家、美术教育家。擅长画鹰、竹、莲、梅等题材。李苦禅心地宽厚，待人诚挚，尤重信义，他常教育儿子李燕说："人，必先有人格，然后才有画格；人无品格，下笔无方。"

有一天，一位多年的好朋友忽然登门造访李苦禅。他们多年不见，一见面便有说不完的话，天南海北，故人旧事，都是他们交谈的内容。不知不觉几个小时过去了，好友内疚耽误李苦禅太久，准备起身告辞。李苦禅送到门口，好友踌躇着说："不瞒你说，今天我是来求画的，不过我看你实在很忙，不忍心再增添你的负担……"不待老友说完，李苦禅爽朗地笑着说："你真是太客气了！以我们俩的交情，这又有什么问题呢。行，我会尽快画好送到你家里，到时候你可要多多指教啊！"

可是李苦禅名气大，应酬也多。他虽然没有忘记答应老友的事情，无奈事务缠身，分身乏术，又加上身体状况不太好，不能太劳累，因而这件事一拖再拖。直到有一天，老友的儿子忽然登门，告诉李苦禅他的父亲在前几天病故。看到老友儿子手臂上缠着的黑纱，李苦禅愕然跌坐在椅子上，痛哭流涕。想到老友最后一次拜访的请求，他内心充满了对老友的内疚和自责。如今，老友已去，他要如何弥补这个承诺？

夜深人静时，李苦禅躺在床上辗转反侧，久久不能入眠。他起身，来到书房，在书桌前坐下，仔细地铺展开一张洁白的宣纸，细细地研墨挥毫。泪眼朦胧中，他画了一百枝卓尔不俗的莲花。画罢，他又郑重地题上了老友惠鉴的跋款，并且盖上了平时自己最喜爱的印章。之后，李苦禅携画来到后院中，满上两杯水酒，点燃一支高香，洒一杯酒在地上，双手举画，对天遥祭道："吾友见谅，苦禅疏懒，未得一了心愿却惊闻老兄仙去，追悔莫及。今作《百莲图》，焚之以追偿所愿，老兄在天有知，苦禅岂敢无信？"拜完后，他划着火柴，点燃精心制作的画作，看着它化作了一团鲜红的火焰，直到烧成灰烬，才拖着沉重的步伐回到书房。

李苦禅的举动惊动了他的儿子，他跑出来问父亲发生了什么事。李苦禅叹了口气，详述了事情的经过。儿子听后有些不解地问："您这又何必呢？又

作画中的李苦禅

不是故意不给他画。再说，您的朋友已然亡故，您画了画给他，他也无从知晓了啊？”听儿子这样说，李苦禅抬起头，正色道：“过去孔子说，人而无信，不知其可也。应人之事，岂可食言？老友无知，而我心有知。”

事后，李苦禅多次跟自己的学生及身边的人提及此事，满是遗憾和愧疚。他说：“我从来没有失信于人，唯此事愧对老先生，铸成终生遗憾。今后，再有人向我求画，只要是我答应下来的，你们一定要及时地催促我，切勿让我再失信于人。”

李苦禅一生从来没有失信于人，在他眼中，“诚信”比什么都重要。而他的诚信，不单单是对待别人，更在于自己的内心。在李苦禅看来，诚信，不是怕失信于人而勉强的作为，而是从内心认可这种高贵的品质，从而使它超越时空与生死的界限。

/链 接/

信而又信，谁人不亲?

凡人主必信。信而又信，谁人不亲？信立则虚言可以赏矣。虚言可以赏，则六合之内皆为己府矣。信之所及，尽制之矣。制之而不用，人之有也；制之而用之，己之有也。己有之，则天地之物毕为用矣。

君臣不信，则百姓诽谤，社稷不宁；处官不信，则少不畏长，贵贱相轻；赏罚不信，则民易犯法，不可使令；交友不信，则离散郁怨，不能相亲；百工不信，则器械苦伪，丹漆染色不贞。夫可与为始，可与为终，可与尊通，可与卑穷者，其唯信乎！信而又信，重袭于身，乃通于天。以此治人，则膏雨甘露降矣，寒暑四时当矣。

（摘自《吕氏春秋·贵信》，题为编者所加）

凡出言，信为先

凡出言，信为先。诈与妄，奚可焉。话说多，不如少。惟其是，勿佞巧。奸巧语，秽污词。市井气，切戒之。见未真，勿轻言。知未的，勿轻传。事非宜，勿轻诺。苟轻诺，进退错。凡道字，重且舒。勿急疾，勿模糊。彼说长，此说短。不关己，莫闲管。见人善，即思齐。纵去远，以渐跻。见人恶，即内省。有则改，无加警。唯德学，唯才艺。不如人，当自砺。若衣服，若饮食。不如人，勿生戚。闻过怒，闻誉乐。损友来，益友却。闻誉恐，闻过欣。直谅士，渐相亲。无心非，名为错。有心非，名为恶。过能改，归于无。倘掩饰，增一辜。

（摘自李毓秀《弟子规》，题为编者所加）

友 善

释 义

当有路人问路时，是热情指点，还是冷漠以对？当和别人发生争执时，是谦和有礼，还是破口大骂？当在公共场合接电话时，是轻声细语地不扰他人，还是自顾自地高声谈论？从这些行为的选择中，便可以看出一个人是否具有友善的品质。当人们选择前者时，不仅是公民个人的道德体现，还是整个社会和谐的必要推动力。

究竟什么是友善，而友善对我们这个高速发展的社会又有何作用？

首先，友善需要公民待人平等，这是友善的前提。现代社会的特点，是人和人无论地位、财富有多大差别，都是社会平等的成员。公民之间的互相支持和帮助，应基于彼此平等的前提，而不是逢迎与恩赐。否则，曲意奉承或是冷眼相对，都不是友善的体现。

其次，友善需要公民待人如己，这是友善的重要方法。每个人从自我保存的需要出发，都不会为难自己，而如果人们能将这种态度推己及人，就更容易善以待人、扶危济困。待人如己，也就是要有成人之美，己欲立而立人，己欲达而达人。

第三，友善需要公民待人宽厚，这是友善的重要要求。友善不仅需要在与他人趣味相投、关系良好时表现出来，更重要的是对待与自己趣味不同甚至小有过失的人，能够心平气和，容人之过。中国传统观念中很早就有“贤而能容罢，知而能容愚，博而能容浅，粹而能容杂”（《荀子》）的说法。

最后，友善还需要公民助人为乐，这是友善的直接表现。友的最初意思便是互相帮助。我们除了帮助亲人朋友外，是否能对那些不太熟悉甚至陌生的人伸出援手？孔子说："有能一日用其力于仁矣乎？我未见力不足者。"友善并不是要求人们在自己能力范围之外去关心别人，而只要是一次举手之劳或是尽心尽力之举，便能让他人感受到友善之情。

简单来说，友善即与人为善，要求人们善待亲友、他人、社会、自然。具体表现在待人平等、待人如己、待人宽厚和助人为乐四个方面。中国古人即强调"仁者爱人""与人为善"，主张"出入相友，守望相助"，发展出了"反求诸己""推己及人""责友以善""以友辅仁"的友善观，要求善待亲人以和谐家庭关系，善待朋友以凝结牢固的友谊，善待他人以构建和谐的人际关系，善待自然以形成和谐的自然生态。

友善是实现社会和谐的润滑剂。现代社会突破了传统社会成员所受到的血缘限制，拥有了更大的公共空间和他人互动，友善的公民关系，有助于推动和谐社会关系的构建。

在社会主义核心价值观中，友善是对公民维系良好人际关系和社会关系的基本道德规范。"友善"价值观是公民美德和社会公德的统一，在消除社会矛盾、稳定社会秩序中发挥至关重要的作用。特别是在市场经济建设过程中，竞争压力不可避免带来人际关系的紧张，各种社会矛盾凸显，培育和践行社会主义友善价值观，是缓解社会矛盾、维护社会秩序、促进社会和谐的坚实基础。

那么，在现实生活中，我们怎样培育人民群众的友善意识，让友善成为人们的一种习惯呢？首先，把友善当成一种社会需要，在公民道德层面培育"友善"价值观。其次，把友善当成一种个体自律。对于公民个人而言，培育"友善"价值观，就要实现对于"友善"价值观的内化，使之成为道德自觉。再次，把友善当成一种道德境界，帮助人们树立友善的道德人格。与此同时，在社会层面建立正义的道德回馈机制，为公民的道德实践提供广阔的平台。

/名　言/

善气迎人，亲如弟兄；恶气迎人，害于戈兵。

——〔春秋〕管仲

仁者莫大于爱人。

——《礼记》

一家仁，一国兴仁；一家让，一国兴让。

——《大学》

宽则得众。

——《论语》

仁者无敌于天下。

——〔战国〕孟轲

与人为善，善莫大焉。

——〔战国〕孟轲

老吾老，以及人之老；幼吾幼，以及人之幼。

——〔战国〕孟轲

敬人者，人恒敬之；爱人者，人恒爱之。

——〔战国〕孟轲

与人善言，暖于布帛；伤人以言，深于矛戟。

——〔战国〕荀况

君子能仁于人，不能使人仁于我；能义于人，不能使人义于我。

——《鲁连子》

君子见人之困则矜之，小人见人之困则幸之。

——〔西汉〕韩婴

大足以容众，德足以怀远。

——《淮南子》

不蔽人之善，不言人之恶。

——《战国策》

勿以善小而不为，勿以恶小而为之。

——〔三国〕刘备

君子之行，动则思义，不为利回，不为义疚。

——〔南朝〕范晔

穷鸟入怀，仁人所悯。

——〔北齐〕颜之推

桃花潭水深千尺，不及汪伦送我情。

——〔唐〕李白

莫愁前路无知己，天下谁人不识君。

——〔唐〕高适

博爱之谓仁。

——〔唐〕韩愈

和以处众，宽以接下，恕以待人，君子人也。

——〔北宋〕林逋

民，吾同胞；物，吾与也。

——〔北宋〕张载

以爱己之心爱人，则仁不可胜用矣；以恶人之心恶己，则义不可胜用矣。

——〔北宋〕晁补之

平日若无真义气，临事休说生死交。

——〔明〕施耐庵

惟宽可以容人，惟厚可以载物。

——〔明〕薛瑄

遇方便时行方便，得饶人处且饶人。

——〔明〕吴承恩

能下人，故其心虚；其心虚，故所广取；所广取，故其人愈高。

——〔明〕李贽

海纳百川，有容乃大；壁立千仞，无欲则刚。

——〔近代〕林则徐

忍一句，息一怒，忍一事，少一事。

——中国谚语

退一步天高地阔，让三分心和气平。

——对联

胸中天地宽，常有渡人船。

——中国谚语

人之谤我也，与其能辩，不如能容。人之侮我也，与其能防，不如能化。

——〔现代〕弘一大师

度尽劫波兄弟在，相逢一笑泯恩仇。

——〔现代〕鲁迅

友谊是两颗心真诚相待，而不是一颗心对另一颗心的敲打。

——〔现代〕鲁迅

友情在过去的生活里，就像一盏明灯，照彻了我的灵魂，使我的生存有了一点点光彩。

——〔现代〕巴金

要做一个在寒天送炭、在痛苦中送安慰的人。

——〔现代〕巴金

友谊和花香一样，还是淡一点的比较好，越淡的香气越使人依恋，也越能持久。

——〔现代〕席慕容

赠人玫瑰之手，经久犹有余香。

——印度古谚

欺骗的友谊是痛苦的创伤，虚伪的同情是锐利的毒箭。

——〔苏联〕列宁

与人为善就是善于宽谅。

——〔美〕弗罗斯特

/故　事/

礼贤下士“四公子”

战国时期，各诸侯国为了扩大实力，纷纷广招贤才，养“士”风气盛行。其中，最具代表性的要数魏国的信陵君魏无忌、齐国的孟尝君田文、赵国的平原君赵胜以及楚国的春申君黄歇，后人称他们为“战国四公子”。

信陵君魏无忌非常重视贤士，常常帮他们解决困难。有一次，信陵君听说本国有个叫侯嬴的隐士非常有才，只是已经七十多岁了，家境贫困。信陵君前去拜访他，还带去一份大礼，但侯嬴并没有收。于是，信陵君又为他举办了一场宴席。等所有宾客都坐好了，侯嬴才姗姗来迟，信陵君也不介意，还亲自起身迎接。没等开吃，侯嬴对信陵君说：“我有个屠户朋友在市中心，希望你能载我去拜访他。”信陵君二话不说就吩咐下人牵来马车，亲自引车前往。见到朋友后，侯嬴一直跟朋友说话，故意冷落信陵君，只偷偷查看信陵君的表情。只见信陵君没有丝毫的不满，反而越发的温和。这时候，所有的宾客都在等着信陵君，而信陵君此刻却手握缰绳静静站在市中心。过了许久，侯嬴才辞别朋友跟着信陵君重新回到宴席。信陵君引侯嬴去上座，并向宾客一一介绍侯嬴，极力赞美他，还亲自起身为他敬酒。侯嬴被信陵君的谦逊友善打动，从此成了信陵君的上客，为他出谋划策，竭尽所能。

信陵君像

孟尝君田文也是个求贤若渴的人。他招募人才，一看对方够不够贤，二看和自己是否相投，只要达到这两个条件，都可以归附到他门下。因此，孟尝君的宾客什么身份的都有，甚至包括犯罪逃亡的人。而孟尝君对待他们，不分贫富贵贱，都以礼相待，宁可舍弃家业也要给他们丰厚的待遇。所以，孟尝君门下的食客多的时候达到了数千人，个个都对他忠心耿耿、尽心尽力。

平原君赵胜是赵武灵王的儿子、惠文王的弟弟，他在历史上以贤能著称。春申君黄歇也是以礼贤下士闻名于世，对待门客非常友善，将他们奉为上宾，多的时候有门客三千多人，其数量是战国四公子中最多的一位。

“战国四公子”为人所称道，是世人被他们对待知识分子的友善真诚感动。由此可见，只要待人友善真诚，他人也会如此回报你。

管鲍之交：不离不弃的深厚友谊

管鲍之交，常被人用来形容交情深厚的朋友，其故事最初见于《列子·力命》。

年轻的时候，鲍叔牙家比较富有，管仲家却很穷，还有一个老母亲要侍奉。鲍叔牙很想帮助他，但又不想伤害他的自尊。于是，鲍叔牙邀请管仲合伙做生意。管仲答应了。鲍叔牙没有让管仲出本钱，基本都是自己投资的。但鲍叔牙从没有把自己当作老板或大股东，他做决定前都会找管仲商量。当生意步上正轨，开始挣钱后，管仲分到的钱比鲍叔牙多很多。鲍叔牙的仆人很不服气，就在背后说坏话。鲍叔牙把仆人叫到跟前，批评说："管仲家里穷，又有老母亲要侍奉，他多拿一点又有什么关系呢？何况，我本来就不缺钱。"

或许，管仲不是个做生意的料。尽管他很努力，但还是经常赔钱。经商不成，管仲选择去从军，可是在每次打仗的时候，他都躲在最后面，撤退的时候，却跑在最前面。同行的士兵都骂管仲贪生怕死。鲍叔牙却说："你们误会管仲了，他不是怕死，而是他还有一个不能照顾自己的老母亲。"管仲听后，

鲍叔牙向齐桓公力荐管仲

泪流满面，叹道："生我者父母，知我者鲍叔牙也！"

多年以后，管鲍二人步入仕途，分别辅佐齐国的两个公子，管仲辅佐公子纠，鲍叔牙辅佐公子小白。鲍叔牙觉得公子小白不堪担当重任，心有不满。管仲就劝他说："小白虽然不聪明，也有点性急，但是他有远虑，将来必成大器。"于是鲍叔牙便安心尽力辅佐小白。

后来，齐国的国王薨逝，公子诸当上了国王。可是他只知道吃喝玩乐，不理政事。鲍叔牙和管仲都预感齐国一定会乱，于是带着各自的主子逃走了。

不久，齐国发生内乱，齐王诸被人杀死。管仲想暗杀小白，好辅佐公子纠上位。可是，他把箭射偏了，射到了小白的腰带，小白急中生智，咬舌装死，骗过了管仲。

后来，小白当上了齐国国君，是为齐桓公。齐桓公决定封鲍叔牙为宰相。鲍叔牙却说："我是个平庸之辈，无法担当治理国家的大任。管仲是个很有才能的人，可以重用他。"齐桓公讶然道："他是我的仇人，我怎么可能让他当宰相？"鲍叔牙回答："这不能怪他，他只是为主子办事。而且，您还是公子时，只有管仲一个人看出你日后必将成为一国之主。他的才华超众，让他辅助您治理国家，齐国一定会国富兵强。"于是，齐桓公就把管仲请回齐国，任命他做宰相。

管仲狼狈回到齐国时，鲍叔牙在齐国边境迎接他。管仲叹道："我侍奉公子纠，既没有辅佐他上位，又没有为他死节尽忠，实在惭愧。现在让我去侍奉仇人，多么让天下人耻笑呀！"鲍叔牙诚恳地说："你是个明白人，怎么说起糊涂话来了。成大事者，不恤小耻；立大功者，不拘小节。你是治国的奇才，桓公有做霸主的宏愿。如果你能辅佐他，日后不难功高天下，德扬四海。"

在鲍叔牙的鼓励下，管仲接受了齐国宰相一职。他对齐国尽心尽力，鞠躬尽瘁，使齐国成为当时的一方霸主，自己也因此被誉为"春秋第一相"。

如今，这桩美谈已经流传两千多年。但人们谈到这个故事时，不是说管仲如何功成名就，而往往是赞扬鲍叔牙在这段友谊里面的友善。在一段友谊里，只有友善相待，彼此才会付出真心，友谊才会长久，才会深厚。

将相和：以宽容大度赢得友善

战国时期，诸侯国之间连年征战，因之崛起者为“战国七雄”。当时，赵国的东面是富强的齐国，西面是强大的秦国，可谓在夹缝中求生存。

赵惠文王时期，赵国得到了楚国的和氏璧。秦昭王知道此事后，就写信给赵惠文王，表示愿意用十五座城池来换取和氏璧。收到信后，赵惠文王赶紧召集朝中大臣商议：“如果把和氏璧给秦国，只怕到时候秦王不认账，不给我们十五座城池，我们白白受骗；但若不给，只怕秦国会借机起兵攻打我们。这该如何是好？”大臣们都一筹莫展。

这时候，宦官缪贤向赵王推荐了蔺相如。蔺相如认为，鉴于秦赵之间的实力差距，应该答应秦国的请求，并且自告奋勇承担送和氏璧到秦国的任务，保证一定会“完璧归赵”。赵王无计可施，而蔺相如又表现得信心满满，只好答应派他出使秦国。

蔺相如带着和氏璧到了秦国，秦王看到和氏璧后爱不释手，但是没有丝毫用城池换取的意思。于是，蔺相如以璧有小疵为由骗回和氏璧，威胁秦王说如果不用十五座城池换取和氏璧，就和璧同归于尽。秦昭王担心蔺相如来真的，就用缓兵之计，先应了下来。但是蔺相如何等聪明！他知道秦国不会真的用城池换和氏璧，便提出要秦昭王斋戒五日后，再举行交换仪式，到时候就把和氏璧奉上。利用这段时间，蔺相如命人偷偷将和氏璧带回了赵国。待秦王察觉后，也无可奈何，只好把蔺相如放回赵国。因不辱使命，蔺相如被任命为上大夫。

后来，秦国攻打赵国，攻下了石城。第二年，秦国又杀了赵国两万人。然后，秦王派使者告诉赵王，说愿意和赵国和好，并约在渑池相会。赵王害怕秦国的实力，担心去了会遭遇不测，就不想去。蔺相如就找大将军廉颇一起说服赵王，说：“大王如果不去，就会显得赵国胆小软弱。”于是，赵王在蔺相如的陪同下赴约。

在渑池，酒兴正浓时，秦王提出让赵王为他弹奏音乐。赵王被迫答应了。没想到，等赵王弹完，秦国的史官就将这件事情记录下来，借此羞辱赵国。蔺相如见状就走上前对秦王说：“赵王也曾听说秦王善于演奏秦国的乐

将相和主题的连环画

曲，既然这样，秦王也应该演奏一曲，与大家同乐。”秦王不想答应，但蔺相如威胁说，如果不弹奏，他将和秦王同归于尽。秦王只得低头，勉强弹了一曲。蔺相如也命令史官把这件事记载下来。

渑池之会结束后，由于蔺相如多次保全了赵国的威严，赵王就封他为右上卿，位在廉颇之上。

廉颇觉得很受辱，颇为不满，扬言遇见蔺相如时，必定要羞辱他。蔺相如听后，没有任何表示，只是称病不去上朝，避免与廉颇碰面。坐车出门时，远远看见廉颇，就命令车夫掉转车头。

门客听后，都觉得蔺相如害怕得太过分了，为他感到羞辱，纷纷要离开。蔺相如坚决挽留他们说：“你们看廉将军与秦王相比哪个厉害？”门客回答：“廉将军当然没有秦王厉害。”蔺相如说：“以秦王那样的威势，我都敢在秦廷之上呵斥他，羞辱他的群臣。难道还会怕廉将军吗？我只是想到，强秦之所以不敢轻易对赵国用兵，只是因为赵国文有蔺相如，武有廉颇。如果赵国因我们两个人不和而出现内乱，岂不是给人可乘之机吗？我这样做，是以国家之急为先而以私仇为后啊！”

这些话传到了廉颇的耳中，他静心细思，真觉得自愧不如。于是脱下战袍，袒露上身，到蔺相如家门前负荆请罪。

从此，两人交好，成为生死与共的朋友。这就是千古流传的“将相和”的故事。

文成公主：藏汉友好一家亲

1300多年来，青海省玉树藏族自治州的文成公主庙香火不断，酥油灯昼夜常明，前来朝拜的藏汉群众络绎不绝，亲如一家。人们永远怀念那个促进藏汉民族间友好的文成公主，将其视为藏汉民族友好团结的象征。文成公主为什么能得到如此尊荣？让我们把目光拉回到1300多年前。

在几次与大唐的战争中落败后，吐蕃赞普松赞干布认识到了唐军强大的实力，他对唐朝的先进文化和文明很感兴趣。公元640年，松赞干布派出一支上百人的队伍，由聪明能干的宰相禄东赞带队，准备了许多金银珠宝，前往长安求亲。禄东赞在见到唐太宗时，转达了松赞干布想和唐朝友好相交的心愿，巧妙地提出了和亲的要求。

唐太宗知道松赞干布是一个人才，同意了松赞干布的联姻请求。他在众多的皇族姑娘中，挑选了一位文化素养较高，美丽而又温柔的姑娘，封为“文成公主”。

公元641年，唐太宗派礼部尚书、江夏王李道宗护送文成公主去西藏，并且为公主准备了丰厚的嫁妆，不仅有大量的金银珠宝、绫罗绸缎，还有吐蕃所稀缺的粮食、蔬菜、水果种子和药材、蚕丝等，以及许多儒家经典和农药、医药、天文、历法、科技等书籍，还有一批文士、乐师和农技人员，像是一个“文化访问团”和“农技队”。

松赞干布也表现出了极大的诚意。他按照唐朝的礼制，从西藏拉萨赶到青海鄂陵湖，亲自迎接文成公主，并在那里举行了隆重的婚礼。松赞干布还以女婿的身份拜见了李道宗，表示对唐王朝的敬意。

当文成公主抵达拉萨时，人们载歌载舞，以表达对她的欢迎。来到西藏的文成公主努力融入藏民之中，她爱护当地的百姓，将汉族比较先进的技术传授给藏族，促进了藏区的发展。

当时，唐朝佛教盛行，文成公主是一位虔诚的佛教徒，她携带了大量佛塔、经书和佛像到西藏，其中最宝贵的要算释迦牟尼的十二岁等身金像。在她的主持下，闻名遐迩的大昭寺建成了。大昭寺建成后，文成公主还和松赞干布到寺前栽插柳树，这就是后世著名的“唐柳”。释迦牟尼的十二岁等身金像被供奉在那里，供人们瞻仰膜拜。

国画大家笔下的文成公主

文成公主还带来五谷种子、菜籽，玉米、土豆、蚕豆、油菜能够适应高原气候，生长良好。而小麦却不断变种，最后长成藏族人喜欢的青稞。文成公主和她的侍女还把纺织、刺绣等技术传授给当地的妇女。她带来的车舆、马、骡、骆驼以及相关技术和医学著作，都加快了西藏经济、农业、手工业的发展。文成公主还劝松赞干布造字，利用文字翻译传播唐朝的典籍和佛经，促进西藏文化的发展。

文成公主表现出来的贤淑、多才和大唐女子的细腻、水灵让松赞干布大开眼界。他非常宠爱文成公主，还按照唐朝的建筑模式，为文成公主建造了一座宫殿，就是布达拉宫。布达拉宫主楼13层，高117米，占地面积36万余平方米，气势磅礴。那里面保存有大量内容丰富、栩栩如生的壁画，其中就有文成公主进藏一路遇到的艰难险阻，抵达拉萨时受到热烈欢迎的场面等。

松赞干布迎娶文成公主后，汉族和藏族之间关系极为友好，此后200多年间，少有战事，使臣和商人也往来频繁。可见正是两个民族的友善相待，才换来可贵的和睦共处。

刘禹锡与柳宗元：患难之间见交谊

贞元九年（793年），20岁的柳宗元和21岁的刘禹锡同时进士及第。一样的才情，共同的理想，让俩人惺惺相惜，成为莫逆之交。也正因为怀揣着建功立业的共同理想，二人平生遭际颇为相似。

贞元二十一年（805年），唐德宗驾崩，唐顺宗继位后，重用王伾、王叔文等人。当时的唐王朝经历安史之乱后，已是风雨飘摇，民不聊生。王叔文等人主张改革，以期拯救唐王朝和天下苍生。这无疑与有着“匡扶大唐社稷，救民生于水火”抱负的刘、柳二人不谋而合。他们遂加入以王叔文为首的革新派政治集团，成为改革及团队的核心人物。

但是，由于革新触及到了宦官与藩镇的利益，于是，遭到强烈抵击，半年后，革新失败，王叔文、王伾被逼身亡，刘禹锡被贬为连州刺史，柳宗元被贬为邵州刺史，被远远地逐出了长安，离开了他们施展才华与抱负的用武之地。

在被贬的途中，朝廷又传圣旨，加贬刘禹锡为朗州司马，加贬柳宗元为永州司马，并且规定：“纵逢恩赦，不在量移之限。”从此，他们开始了十年漫长的贬谪生活。

柳宗元与刘禹锡的情义之深，于韩愈所撰《柳子厚墓志铭》可见一斑。刘禹锡与柳宗元于元和十年（815年）同被召回京城，不但未能起用反而再度遭贬，柳宗元得知自己被贬至柳州，而刘禹锡远谪播州时，不禁大哭起来：“播州非人所居，而梦得亲在堂，吾不忍梦得之穷，无辞以白其大人，且万无母子俱往理。”于是，柳宗元立即“请于朝，将拜疏，愿以柳易播，虽重得罪，死不恨。遇有以梦得事白上者，梦得于是改刺连州”。

柳宗元和刘禹锡一起动身前往被贬之地，出了长安，一路南行，来到衡阳——他们要分手的地方。想到彼此即将分离，相见无望，柳宗元潸然泪下。他们彼此用诗来表达如今的离别之痛和患难与共的情义。

元和十四年（819年），刘禹锡的老母亲逝世。柳宗元知道后，三次派人前往吊唁，并在信中约定，等到刘禹锡扶灵柩归乡经过衡阳时，在那里相会。可是，到了约定地点，刘禹锡等来的不是柳宗元，而是他的讣告。刘禹锡“惊号大叫，如得狂病。良久问故，百哀攻中”。痛失慈母，又痛失挚友，刘禹锡忍着悲痛，安排了柳宗元的后事，并飞书给韩愈，希望他为柳宗元撰写墓志铭。刘禹锡还为柳宗元写下了感人至深的《祭柳员外文》：“南望桂水，哭我故人……”字字带血，声声含泪。

之后，刘禹锡按照柳宗元的嘱咐，代抚遗孤，并且以毕生之力整理柳宗元的遗作，又全力筹集资金刊印。千百年来，刘禹锡与柳宗元之间的这种挚友之情，有如夜空中的明月，有如黑暗中的烛光，一直照亮着中国文坛与政坛的一片天空。

见证刘禹锡与柳宗元情谊的唱和诗作

苏序积粮：友善处世

苏序，字仲先，生于973年，他是苏洵的父亲，苏轼的祖父。与苏洵、苏轼不同，苏序从小顽皮捣蛋，不喜读书。但是，苏序晚年写得一手好诗，这倒与他的子孙们一样。

苏序的一个儿子苏涣是朝廷命官，父以子为贵，苏序的身份也变得尊贵。但是，苏序从来没有因为身份的提高而骄奢跋扈。反而，他以礼貌谦让而受到乡里称赞。不论是对士大夫还是乡野农夫，苏序都非常谦恭友善，一视同仁。早年住在乡村时，出入村里时从来不骑马。因为他觉得如果在路上遇到步行的老人，而自己骑着马，高高在上，就显得很不礼貌。

苏序不仅是个礼貌谦让的君子，还是个古道热肠、乐善好施的好人。他曾经在饥荒之年，卖掉自家的田地换取钱财来接济穷人。后来，这些穷人熬过了灾荒，等到了丰收之年，他们没有忘记苏序当时的救助，想着要偿还他。但是，苏序坚决不接受。苏序很有远见，为了防止灾荒再次袭来，他在丰收之年将稻米之类的粮食兑换成更耐储藏的谷子。果然如他所料，不出几年他们再次遇到了灾荒。于是，苏序大开仓门，将先前储存的谷子全部拿出来赈济同族、姻亲、佃户以及同乡。正是靠着苏序的这些谷子，乡亲们才熬过了这次难关。

苏序的友善不仅体现在他对人的尊敬和散财布施上，还体现在他对几个儿子的教育上。苏序有三个儿子：苏澹、苏涣、苏洵。在儿子们成年后，朝廷下令在州郡设立学校，并从中挑选人才。大家一听到这个消息，觉得这是出人头地的机会，于是争抢着入学，也出现了很多纷争。为了不与人结怨，苏序告诫儿子们，不要和别人争。

在苏序死后多年，苏轼还常常回忆起祖父的礼貌谦和、乐善好施。可见，苏序的这些优秀品质在潜移默化中或多或少影响着他的子孙们。苏序虽没有给他的子孙们挣下多少物质财产，但是，很明显，他为子孙后代留下了友善等优秀美德和无价财产。

/链 接/

朱子家训

君之所贵者，仁也。臣之所贵者，忠也。父之所贵者，慈也。子之所贵者，孝也。兄之所贵者，友也。弟之所贵者，恭也。夫之所贵者，和也。妇之所贵者，柔也。事师长贵乎礼也，交朋友贵乎信也。

见老者，敬之；见幼者，爱之。有德者，年虽下于我，我必尊之；不肖者，年虽高于我，我必远之。慎勿谈人之短，切莫矜己之长。仇者以义解之，怨者以直报之，随所遇而安之。人有小过，含容而忍之；人有大过，以理而谕之。勿以善小而不为，勿以恶小而为之。人有恶，则掩之；人有善，则扬之。

处世无私仇，治家无私法。勿损人而利己，勿妒贤而嫉能。勿称忿而报横逆，勿非礼而害物命。见不义之财勿取，遇合理之事则从。诗书不可不读，礼义不可不知。子孙不可不教，童仆不可不恤。斯文不可不敬，患难不可不扶。守我之分者，礼也；听我之命者，天也。人能如是，天必相之。此乃日用常行之道，若衣服之于身体，饮食之于口腹，不可一日无也，可不慎哉！

（摘自《紫阳朱氏宗谱》）

兄道友，弟道恭

兄道友，弟道恭。兄弟睦，孝在中。财物轻，怨何生。言语忍，忿自泯。或饮食，或坐走。长者先，幼者后。长呼人，即代叫。人不在，己即到。称尊长，勿呼名。对尊长，勿见能。路遇长，疾趋揖。长无言，退恭立。骑下马，乘下车。过犹待，百步余。长者立，幼勿坐。长者坐，命乃坐。尊长前，声要低。低不闻，却非宜。近必趋，退必迟。问起对，视勿移。事诸父，如事父。事诸兄，如事兄。

（摘自李毓秀《弟子规》，题为编者所加）